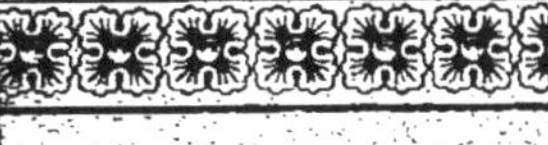

MONSIEUR LE PRÉFET.

> Les anciens appelaient figures panthées celles qui portaient des caractères attribués à tous les dieux.
>
> HUET.

TOME QUATRIÈME.

Seconde Edition.

A PARIS,
CHEZ LADVOCAT, LIBRAIRE
DE S. A. R. MONSEIGNEUR LE DUC DE CHARTRES,
AU PALAIS-ROYAL.

M. DCCC. XXV.

PARIS. — IMPRIMERIE DE FAIN, RUE RACINE, N. 4, PLACE DE L'ODÉON.

MONSIEUR

LE PRÉFET.

TOME IV.

PARIS. — IMPRIMERIE DE FAIN, RUE RACINE, No. 4,
PLACE DE L'ODÉON.

MONSIEUR

LE PRÉFET.

Les anciens appelaient figures panthées
celles qui portaient des caractères attribués à tous les dieux.

HUET.

TOME QUATRIÈME.

Seconde Édition.

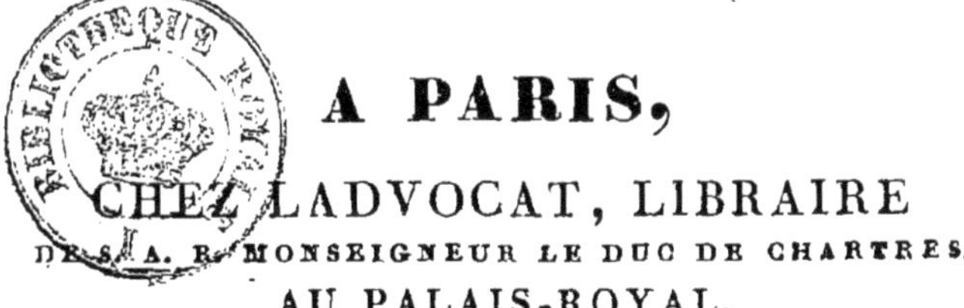

A PARIS,

CHEZ LADVOCAT, LIBRAIRE
DE S. A. R. MONSEIGNEUR LE DUC DE CHARTRES.
AU PALAIS-ROYAL.

M. DCCC XXIV.

MONSIEUR LE PRÉFET.

CHAPITRE XXXIII.

LE PASSAGE DU PRINCE.

> Un prince croit connaître le visage de ses courtisans, lorsqu'il n'a jamais vu que le masque qui le couvre.
>
> CHARRON, *Traité de la sagesse.*

Ce jour parut enfin, attendu qu'il était avec tant d'impatience et des desseins différens. Une foule nombreuse se répandit dans les rues pour admirer, ou plutôt pour critiquer, les préparatifs que l'on avait faits, les ornemens dont chacun décorait sa maison ou sa rue. On songeait, au milieu de ces tracas, quelque peu au prince, mais plus encore à éclipser ses voisins par le luxe ou le goût des draperies, des inscriptions, des guirlandes. Là, un portrait tout enfumé d'un roi de de France était environné d'un cadre de roses dont la fraîcheur faisait ressortir plus vivement les teintes sombres de la peinture; ici de riches tapis, enlevés au foyer, des rideaux dont on avait dépouillé les fenêtres, formaient une décoration théâtrale, rehaussée par des festons de buis et des couronnes de fleurs. Telle bonne femme avait placé au dessus de la porte de sa modeste demeure, entre deux lampes d'étain, la vierge de plâtre qui naguère était appendue au chevet de son lit; tel autre venait d'acquérir, au prix de quelques sous, toute la famille royale, qui serpentait autour d'un transparent sur lequel on lisait : VIVE LE ROI ET MONSEIGNEUR !

A tout moment arrivaient, des lieux circonvoisins, des voitures élégantes, des carabas du temps passé, de modestes charrettes, couvertes d'une tente en arceaux, qui renfermaient les curieux de toute la contrée. Tous les curés des communes, à trois lieues à la ronde, expédièrent, ce jour-là, qui était un dimanche, les vêpres du soir avec la messe du matin; ils se rendirent ensuite au chef-lieu, accompagnés de leurs ouailles, qui chantaient de pieux cantiques et des refrains royalistes. Combien leur zèle nous paraît respectable! Nous ne nous permettrons pas de le blâmer ; mais que de ridicules personnages, qui n'avaient pas comme eux le seul désir de voir un prince chéri sur qui reposent, à tant de titres, les espérances de la France constitutionnelle, arrivaient par centaines, tous âpres à la curée, tous venant chercher la récompense de leur dévouement inconnu, de leurs services inédits. Ces bons hoberaux, le regard fier, la tête haute, portant en broche la rapière d'ordonnance, étaient presque tous vêtus de costume militaire de fantaisie; ils regardaient en dédain les misérables piétons, qui n'avaient que de l'attachement pour le prince, et ne le verraient que de loin, tandis que ces comiques seigneurs possédaient le droit incontestable de l'approcher et de l'ennuyer, ce qui était plus certain encore. Les uns espéraient obtenir de lui une recette particulière, ou une sous-préfecture; d'autres, une inspection, une croix, une place quelconque; car, désormais rien d'utile ne peut faire déroger. C'est là, quoi qu'on en puisse dire, un des bienfaits de ce siècle détesté. La paresse n'a plus le droit de se retrancher derrière la conservation d'une dignité, qui maintenant s'accommode de tout.

On vit sortir successivement les autorités en grand costume ; elles se rendaient toutes au pavillon placé à l'extrémité de la ville, où le maire devait recevoir le prince, et lui présenter les clefs de la cité. Monsieur le Préfet venait à quelque distance, presque honteux de ne jouer que le second rôle ; les troupes, en tenue de fête, bornaient la ligne ; et leur gaieté annonçait qu'il y avait eu le matin, au quartier, une distribution d'alcohol à vingt-huit degrés.

Cependant, les vierges timides du chef-lieu accouraient pour se réunir dans la salle qu'on avait préparée pour elles. Il y en avait de tous les rangs, de toutes les couleurs, de toutes les qualités. La vanité des parens triomphait dans la parure de leurs filles : une simplicité élégante distinguait celles accoutumées à paraître dans les salons ; un luxe outré, un faix d'ornement, des bijoux à profusion faisaient reconnaître les autres. Chacune était du reste très-satisfaite d'elle-même, et dans le nombre, plus d'une, oubliant la gravité de son rôle, cherchait à plaire à de simples mortels. Parmi ces jeunes vierges, il y en avait..... Le lecteur doit être prévenu que rien n'avait pu enchaîner les langues des commères de *l'endroit*. Ces dames-là ne craignaient pas de raconter certaines anecdotes qui protestaient contre la pudique qualité prise par plus d'une jeune personne. Les lardons les plus piquans partaient surtout de la bouche des mères, dont les filles n'étaient pas du cortége. On vit même des étourdis, lorsqu'il passa, compter sur leurs doigts.... Il faut nous taire, sous peine de laisser croire que le méchant exemple nous aurait gagné.

Onze coups de canon annoncèrent l'approche de l'auguste personnage. Ses courriers passèrent les premiers. On vit arriver de loin un épais nuage de poussière qui, en s'ouvrant, montra en avant de la voiture royale, le chef de la gendarmerie, Romeval, accompagné de ses cavaliers, le sabre à la main; car, en France, il n'est point de bonne fête si les gendarmes n'en sont pas. Tous criaient alors VIVE LE ROI! VIVE LE PRINCE! A ces entonnations sacrées, la multitude s'ébranlant toute entière, s'avança avec impétuosité, poussant des clameurs d'enthousiasme qui alors n'étaient point commandées; les drapeaux blancs, les mouchoirs, les branches de lauriers, les touffes de lis, agités dans tous les sens, formaient un tableau gracieux, auquel se mariait encore le bruit de l'artillerie et le son des instrumens. Son Altesse Royale fit arrêter sa voiture, dès qu'il fut parvenu sous le premier arc de triomphe. Là, le maire débita son compliment. Le préfet ayant déjà plus loin, dans la campagne, présenté son humble hommage. Alors, les jeunes gens que nous avons déjà signalés, accourant comme avec fureur, dételèrent les chevaux, et se mirent à leur place, malgré les prières et presque les ordres que le prince leur adressa. Il leur parlait vainement; ivres de vin et de zèle, enflammés par leur amour monarchique et par l'ardeur du soleil, c'étaient moins des hommes que des forcenés, prêts à résister à celui-là même qui paraissait l'objet de leur culte. Il dut, pour ne point compromettre plus long-temps sa dignité, s'abandonner à leur délire; il se laissa donc traîner par eux, comme sir Francis Burdett l'a été par le John Bull de la cité de Londres.

Le cortége se forma, et tous ensemble marchèrent vers la ville. Plusieurs arcs de triomphe coupaient les rues; chacun se faisait remarquer par une décoration particulière, et tous réunis contribuaient à la splendeur de la réception. Au milieu des flots d'un peuple joyeux, on arriva à l'hôtel de la préfecture. Un seul accident troubla momentanément l'allégresse publique. La voiture du prince, au détour d'une rue, heurta un paysan, et lui rompit le bras gauche; ce malheur ne fut pas vu de l'acteur principal de la brillante scène; il ne l'apprit que plus tard. Aussitôt il envoya par un des officiers de sa maison des consolations et des secours à l'unique victime de la fête.

Le prince montait le grand escalier de la préfecture lorsque la belle Célénie, s'avançant en tête d'une foule de nymphes et de grâces, lui présenta la corbeille de fleurs, objet de tant d'ambitions, et lui débita en même temps le compliment composé par son père. Elle le poursuivait avec une modeste assurance; lorsqu'un regard indiscret qu'elle jeta sur la cour qui environnait le prince, lui fit reconnaître parmi les officiers de ce dernier, un certain colonel Merville, dont nous avons déjà parlé dans les chapitres précédens. Jamais rencontre ne pouvait être plus fâcheuse : elle troubla à tel point mademoiselle de Girmel, qu'elle lui fit achever sa harangue avec moins de succès qu'elle l'avait commencée. Son altesse ne parut point remarquer un embarras dont il ne soupçonnait pas la vraie cause. Il répondit avec sa bonté ordinaire, adressant quelques mots flatteurs, tant à Célénie qu'aux jeunes beautés qui l'accompagnaient. Il passa plus avant. Le colonel Merville, en le suivant, exprima par un coup d'œil tout le plaisir qu'il éprouvait à la vue de son infidèle : tandis que Célénie, bien moins occupée de lui, n'était sensible qu'à l'effet manqué de son discours, comme à la crainte de voir réunis auprès d'elle, cet amant qu'elle n'aimait plus, et Valtaire dont elle eût bien voulu mériter l'amour.

Conduit par Monsieur le Préfet et la baronne de Girmel dans l'appartement qui lui était destiné, et qu'on avait meublé aux dépens des plus riches maisons de la ville, le prince réclama un instant de repos avant d'aller, dans le grand salon, satisfaire aux règles du cérémonial et de l'étiquette. Durant ce temps, les domestiques de la préfecture couraient çà et là pour satisfaire aux nombreuses demandes que leur adressaient les arrivans; Monsieur le Préfet tremblait de ne pas avoir tout deviné, tout fait placer en son lieu.

En attendant la présence de S. A. R., on disposait par ordre de dignité les diverses autorités, les différens fonctionnaires, admis à l'honneur de lui être présentés. Un accident assez plaisant vint dérider la gravité des physionomies. Le Président de la Cour d'assises se trouvait là ainsi que le Président du tribunal civil, le premier voulut être accompagné des juges, qui faisaient partie accidentelle de la cour d'assises, et dont il était le chef momentané : l'autre Président ne consentait pas à rien diminuer de la pompe de son cortége, et prétendait rester à la tête de toute sa compagnie ; chacun avec vivacité soutenait ses droits.

« La cour doit me suivre, » disait le premier.

— « Oui, sur le siége, » répliquait l'autre.

— « J'en suis le chef tant que les assises se prolongent. »

— « Et moi dans tous les temps. »

— « Messieurs ! marchez avec moi. »

— « Messieurs ! ne quittez pas votre président perpétuel. »

— « Eh, paix ! messieurs, dit à l'un et l'autre le procureur du roi, homme d'esprit et d'un beau talent ; comme je suis unique, je devrais, selon vos désirs, me partager. Ne renouvelons pas des querelles éteintes, ne prêtons pas à rire au public qui ne demanderait pas mieux. Cédez-vous mutuellement une partie de vos prétentions, tout peut s'accommoder sans scandale. »

Il ajouta d'autres paroles; il parla d'union, de concorde, au nom du prince dont les vertus devaient tout réunir. Il fut enfin compris, les puissances belligérantes se rapprochèrent, un pacte s'ensuivit. Il fut décidé que les deux présidens se montreraient tour à tour à la tête des mêmes juges. (*Historique.*)

Plus loin le directeur des douanes disputait également la préséance au directeur des impôts indirects, tandis que celui des domaines refusait de céder le pas à celui des contributions. C'était une rumeur générale, une inexprimable confusion; et même au bas de l'escalier les laquais continuaient entre eux les querelles de leurs maîtres. La foule dans l'intérieur des appartemens était augmentée par les cent onze vierges qui, abandonnées de leurs parens, couraient çà et là dans les divers salons, les antichambres, les galeries et les pièces plus écartées. Plusieurs officiers, les substituts du procureur du roi, faisaient avec elles assaut de politesse et de galanterie. Plus d'un ancien serment fut oublié dans cette circonstance, plus d'un nouvel engagement fut contracté que l'on ne tint pas plus que les autres. Tout était excusé, tout semblait permis au milieu de ce délire de sentiment et d'enthousiasme.

Célénie, négligée comme ses compagnes, cherchait à fuir le colonel; ce dernier, nouvellement nommé officier d'ordonnance du prince, piqué de cette froide réception à laquelle ne l'avait point préparé le tendre abandon d'une fréquente correspondance, ne pouvait néanmoins faire triompher son dépit, et il poursuivait son inconstante amante avec le même empressement qu'elle mettait à l'éviter. L'aide de camp était aimable, sa tournure séduisante; mais Ernest, supérieur à lui par ses avantages personnels, l'était bien plus par sa nouvelle fortune. Ce ne fut qu'après un assez long espace de temps, que Merville parvint enfin à rejoindre Célénie; ses premières paroles furent des reproches. Les plaintes en amour, quand elles ne sont pas réciproques, ne font que rendre moins intéressant celui qui les profère. On cesse bientôt d'aimer celui qui gronde toujours. Ne vous y trompez pas, ami lecteur, le moins épris de deux amans, est celui qui témoigne le plus de confiance, le véritable amour n'est jamais parfaitement tranquille; il doit de toute nécessité se montrer jaloux et querelleur.

Après les premières explications, Célénie fit meilleur visage au jeune aide de camp, lorsqu'elle eut appris que, venu avec le prince, il partirait avec lui le lendemain. Ernest n'arrivant pas encore, elle n'avait pas à redouter cette rencontre qui lui causait tant d'effroi. Elle ne balança pas alors à rassurer par de tendres promesses un cœur qu'elle voulait conserver. Les femmes presque toujours regrettent la perte du dernier de leur esclave : une coquette principalement tient au nombre au moins autant qu'au mérite de ses adorateurs.

Le tumulte était parvenu à son comble, on n'eût pas entendu le roulement de la foudre sous les voûtes de l'appartement d'honneur,.... tout à coup les portes s'ouvrent ! le Prince ! s'écrie un huissier ; et un profond silence règne aussitôt, où naguère triomphait la plus complète confusion. S. A. R. accompagnée de ses gentilshommes, des officiers de sa maison, des généraux commandant la division et le département, de Monsieur le Préfet, d'un évêque du plus proche diocèse (car le hautain monseigneur était alors à Paris), s'avança dans le grand salon. Il était résigné à ouïr les nombreuses harangues qu'on allait lui adresser, et qu'il devait écouter jusqu'au bout, se trouvant heureux lorsqu'un orateur abrégeait son discours, ou quand la défaillance de la mémoire d'un autre lui sauvait un déluge d'inutiles propos. Il fut servi à souhait pour cette dernière circonstance, on lui sauva l'ennui des longs encensemens; plusieurs même les accoucirent outre mesure dans la crainte de les oublier.

A l'heure du dîner, le petit nombre appelé à en faire partie se rendit la tête haute et le regard triomphant dans la salle à manger; tandis que les autres s'éloignaient modestement, très-indignés qu'ils étaient contre le Préfet, qui ne leur avait pas fait l'honneur de les mettre sur la liste enviée. Le repas fut bon, c'était bien le moins; il fut gai, ce qui sembla plus extraordinaire. Mais le Prince causa et dit un mot aimable ou flatteur aux divers convives : celui qu'il distingua particulièrement fut le baron de Lanol, à la grande désappointance du comte de Mertange. Celui-ci avait gardé sa rancune contre l'administrateur jusqu'au moment où il en reçut le bienheureux billet qui l'engageait à venir s'asseoir à la table du prince; il se flattait d'y tenir le haut bout, mais la fortune ne réalisa pas son espérance, il dut céder à un rival supérieur sous le rapport de l'esprit, et son égal sous celui de la naissance.

L'Évêque dont nous avons déjà parlé se fit remarquer également de Son Altesse Royale par l'amabilité de son esprit et la vivacité de ses reparties. Divers propos amenèrent la conversation sur les journaux; on les passa tous en revue. Nul dans le cercle ne se targuait d'avoir lu le Constitutionnel; mais tous vantaient la Quotidienne et le Drapeau blanc. Le Prince prenant alors la parole :

« Le Moniteur, dit-il, me revient de droit; je suis abonné depuis vingt ans au Journal des Débats; je lis régulièrement le Courrier français, qu'on me prête, sans que j'en approuve les principes; mais à aucun prix je ne voudrais du Drapeau blanc : c'est le Père Duchesne de l'époque. » (*Historique.*)

L'Oriflamme n'existait pas alors et n'existe plus depuis.

— « Oh! monseigneur! repartit le Prélat, nous ne craignons pas de le lire; aussi nous est-il permis d'être plus royaliste que Votre Altesse? »

Le Prince sourit du mot plus gai qu'il n'était exact; il ne le releva pas, et continua de prendre part à la conversation générale ; puis, appelant le baron de Lanol, il se retira avec lui dans un angle du salon, où il demeura durant une demi-heure occupé à un entretien dont on ne put rien deviner. Ce temps parut un siècle aux ambitieux de l'assemblée ; ils souffraient d'une intimité si grande, et à laquelle ils cherchaient en vain à assigner une cause. On enfanta à ce sujet une multitude de conjectures, dans lesquelles, avec dépit, on se voyait contraint de faire jouer un rôle important au baron de Lanol. Le vicomte de Courtmartel, le comte de Mertange, les autres grands seigneurs du département, faillirent périr de confusion et de jalousie. Enfin le colloque secret finit, le prince revint vers le gros du cercle. Monsieur le Préfet saisit ce moment pour lui demander s'il ne passerait pas dans la salle du bal, où il était attendu avec impatience. Il consentit avec bonté à s'y rendre sur-le-champ ; il se montra frappé agréablement du coup d'œil que présentait cette réunion brillante ; il parcourut le salon, adressant à chaque dame des questions bienveillantes, ou des complimens gracieux. Celles qui comptaient montrer le plus d'assurance furent les plus troublées à l'approche du Prince. La femme d'un petit magistrat l'appela, *Monsieur Sire.* Une autre, à qui il demandait la profession de son mari, lui répondit avec vivacité : « Il fait dans les draps, monseigneur. » — « Ce n'est pas bien propre, répliqua l'un des aides de camp à demi-voix, de manière néanmoins à être entendu de ses voisins. » On se mit à rire. Le Prince eut besoin de faire un appel à sa bonté pour ne pas suivre le commun exemple, et brusquement il s'éloigna. Cette corvée finit enfin. Monsieur le Préfet voulut savoir de l'auguste personnage s'il désirait ouvrir le bal ; ce dernier s'excusa sur la fatigue du voyage, et permit qu'on dansât devant lui la contredanse d'honneur.

Cette contredanse avait été déjà une pomme de discorde parmi les illustres du chef-lieu. L'administrateur, mal conseillé, dans une ville où tous étaient égaux, crut qu'il devait désigner particulièrement les danseurs et les danseuses privilégiées pour ouvrir le bal ; mais égaré dans son choix, il le porta sur des bourgeoises anoblies de la veille, ou sur des femmes brouillées depuis longtemps avec les bonnes mœurs ; sur tels cavaliers qui n'étaient pas moins ridicules, quoi[illegible] fussent fonctionnaires publics. A[illegible]e déchaînement contre cette inn[illegible] parut général et même juste. Mo[illegible] Préfet, troublé par les caquets [illegible] occasiona, se promit de ne point la changer en usage. Il voulut bien se rappeler que le droit de régler les rangs et les honneurs était hors du cercle de ses attributions.

Le Prince, lassé d'hommage set de cérémonies, souhaita enfin de pouvoir se retirer; il quitta le bal, tandis que ceux qui y figuraient ne se séparèrent pas aussi vite. Le plaisir régna dans cette joyeuse assemblée, jusques au moment où les époux et les pères, las de dormir debout, ou de perdre leur argent à l'écarté, donnèrent impérieusement le signal de la retraite.

Le lendemain le Prince partit.

« Monsieur le Préfet, dit-il, vous m'avez reçu à merveille. Je m'éloigne content de vous et de vos administrés. »

— « Ce sera leur récompense et la mienne, » répliqua l'administrateur.

Ainsi, par ce gracieux compliment et cette réponse d'un cœur dévoué, se fit la clôture du mémorable passage. La même foule, les mêmes acclamations accompagnèrent le prince jusqu'aux limites de la ville; et, la curiosité du peuple satisfaite, chacun se retira. On cessa de parler de l'amour qu'on ressentait pour l'auguste personnage, car il n'était plus là pour l'entendre, mais on s'informa avec soin des ridicules de ceux qui l'avaient accompagné, du pour-boire qu'il avait fait donner aux domestiques de la préfecture. En province, tout attire l'attention, les grandes comme les petites choses; ces mesquins détails étaient écoutés avec autant de plaisir, que pouvaient faire les paroles mémorables de l'Altesse, ainsi que le récit des bonnes actions, qui étaient parties de son cœur durant le brief séjour qu'il avait fait au chef-lieu.

CHAPITRE XXXIV.

LA CONSPIRATION.

> Donnez-leur une pièce de vingt sous, ils en feront un écu de six livres.
>
> *Les Faux Monnayeurs.*

AVANT d'entamer ce chapitre, nous croyons devoir prévenir nos lecteurs, que, rempli d'une juste indignation envers de coupables manœuvres mises en jeu depuis les premiers événemens de la révolution, nous les avons toujours regardées comme les tristes menées de certaines ambitions inférieures, et non comme la volonté des principaux fonctionnaires de l'état, qui, trompés par des agens infidèles, ont été les premières victimes de leur déplorable crédulité. Ces moyens, pernicieux enfans de la faiblesse, ne pourront désormais être employés sous un monarque sage, fort de ses paternelles intentions comme de l'amitié de son peuple. Un Prince, héros pacificateur, assis sur les marches du trône, et plein de respect pour les institutions constitutionnelles, nous répond aussi que de sourdes menées n'agiteront point le vaisseau de l'état; il voguera à pleines voiles, conduit par de plus habiles mains; le passé ne se représentera plus; mais son souvenir est bon à garder, afin qu'il serve à faire éviter les mêmes erreurs dans l'avenir. Cette déclaration non équivoque de notre opinion, nous a paru nécessaire. Reprenons maintenant le fil du récit.

Le tourbillon qui avait tout entraîné durant les jours précédens, au passage de l'Altesse, n'avait pas permis à Monsieur le Préfet de donner toute son attention au projet de mariage dont il avait entretenu le négociant Lubert. Il trouva néanmoins le temps d'exiger de son fils qu'il se présentât chez Aline avec plus d'assurance, et en qualité d'amant presque reconnu par le père de la jeune beauté. Célénie, d'une autre part, eut soin de répéter à son amie ce qui s'était passé entre les auteurs de leurs jours, lui déclarant cent fois combien elle serait heureuse de l'avoir pour belle-sœur, cherchant de toutes manières à lui faire envisager les avantages d'une telle alliance, ou plutôt à la lui faire accepter.

Aline était loin d'apprécier ces avantages; elle n'en eût pas même voulu, eussent-ils été plus grands encore. Une telle confidence ayant déchiré son cœur, ce fut, en se contraignant beaucoup, qu'elle put, non dérober entièrement à Célénie ce qui se passait dans elle, mais au moins se détourner de le manifester d'une manière désagréable à celle qui l'écoutait. Elle garda un profond silence, s'obstinant à ne pas répondre à rien de ce qui lui fut dit sur ce point. Jamais il ne lui échappa une parole qui pût être favorablement interprétée, elle ne parla que du désir qu'elle conservait, de vivre toujours avec son père et pour lui.

Ce n'était point là ce que voulait Célénie; vainement redoublait-elle d'efforts; vainement cherchait-elle à employer toutes les ressources de son esprit, fécond en sophismes et en intrigues, elle était complétement battue par la franche résistance qu'Aline lui opposait. Celle-ci n'éprouvait nul embarras à lutter contre sa rivale; elle tremblait d'avoir peut-être un jour à combattre contre les volontés de son père, qu'on lui représentait comme décidé à conclure cette union. Il ne lui en avait cependant rien dit encore; elle craignait le fatal moment, et se promettait de l'éloigner tant qu'il lui serait possible.

Cette terreur jetait maintenant de la contrainte dans ses rapports journaliers avec son père. Chaque fois qu'ils se trouvaient seuls, elle frémissait à la pensée qu'il allait peut-être entamer la fatale confidence; alors, avec regret sans doute, mais pourtant avec fermeté, elle se préparait à lui faire lire dans le fond de son âme, à le convaincre qu'elle ne trouverait pas le bonheur dans un tel mariage. Ses craintes, toujours croissantes, ne furent pas réalisées; Lubert ne lui disant rien qui dût l'alarmer, elle n'eut à se défendre que contre les importunités de Célénie, et contre les tendres déclarations d'Adolphe, sorte de combat où elle remportait facilement la victoire.

Tout en paraissant ajourner l'exécution de son dessein favori, Monsieur le Préfet n'avait garde d'y renoncer; mais il reculait afin de mieux en assurer la réussite. Il donnait tous ses soins principalement à faire disparaître le redoutable rival de son fils, c'est-à-dire que la conspiration s'ourdissait en silence, afin qu'elle produisît un grand effet en éclatant tout à coup.

Le secrétaire général lui avait conseillé d'en faire la découverte pendant le passage du prince; mais cet avis avait effrayé Girmel : il craignait que quelque incident ne dérangeât le cours des choses, et que le complot tournât à la confusion de ses premiers auteurs, lorsque des yeux non prévenus seraient là pour le juger sans partialité. Il fallut, par conséquent, l'ajourner plus tard : on eut par suite plus de facilité pour y faire entrer un plus grand nombre de misérables, grâce au talent infâme des agens provocateurs.

Depuis 1789, il est très-positif que toutes les sciences ont fait des progrès rapides vers leur perfectionnement; mais, parmi elles, celle de produire des apparences de rébellion contre le gouvernement, s'est signalée par le génie des moyens qu'on a mis en œuvre. Cette abomination, presque ignorée durant l'ancien régime, commença à devenir habile lorsque de misérables scélérats eurent conçu l'atroce projet de conduire à l'échafaud le malheureux, le saint martyr Louis XVI : la convention nationale, lorsque dans ses fureurs elle voulait égorger les détenus, innocens de tous ses crimes, et se décimer elle-même, ourdit un nombre considérable de conspirations supposées, pour venir plus sûrement à ses détestables fins ; le directoire enchérit encore sur elle. Napoléon dédaigna les ressources de la faiblesse. Satisfait de nous courber sous un sceptre de fer environné des lauriers de la gloire, il combattit avec vigueur les conspirations positives, mais il ne les alluma pas. Depuis cette époque, et contre l'intention du sage monarque qui régnait naguère sur la France, on a osé, dans la folle pensée de mieux le servir, ou plutôt de le tromper, exciter une portion de ses sujets à des révoltes auxquelles ils ne songeaient pas. Nous croyons pouvoir le dire, sans crainte d'être démentis, que la plupart des menées séditieuses qui ont été jugées publiquement dans le cours de ces dernières années, n'auraient consisté par le fait qu'en de vagues mécontentemens, qu'en des projets absurdes, ignorés ou perdus dans les cabarets, dans les lieux de débauche où l'oisiveté et l'ivresse leur avaient donné la naissance. Les débats de toutes ces déplorables affaires ont représenté toujours les dénonciateurs comme provocateurs, comme achevant de pousser à l'exécution du mal ceux qui s'arrêtaient à la seule pensée de le faire. L'Europe entière s'est élevée contre ces moyens dans lesquels les vrais instigateurs étaient épargnés, tandis qu'avec tant de rigueur on sévissait contre leurs Séïdes, contre des hommes encore plus entraînés que réellement séditieux.

Ce fut en employant d'odieux agens, que le fondé de pouvoir de l'administration parvint à accomplir une partie de son dessein. Des hommes vendus avaient déjà depuis quelque temps parcouru les campagnes, semant des bruits pernicieux, agitant le peuple, et le poussant à la révolte; des officiers, indignes de leur titre, ne rougirent pas de se mêler parmi les délégués de Satan : ils allaient çà et là, recherchant les militaires éloignés de l'armée ; ils buvaient à leur table, portant les premiers des toasts, acceptés quelquefois par la confiance, et peut-être par une secrète inclination. Si, au milieu de ces épanchemens, une parole de regret échappait à un cœur ulcéré par le malheur, elle était accueillie avec acclamation : celui qui l'avait prononcée devenait sur-le-champ l'objet d'une obsession continuelle ; on lui rappelait constamment l'injustice qui l'avait frappé, on lui offrait dans l'avenir un destin prospère, on l'enivrait d'espoir et de vengeance. Le besoin l'assiégeait-il : un officieux agent lui avançait une légère somme, qu'il ne tardait pas à réclamer. L'embarras de la rendre exaspérait l'infortuné. D'autres infâmes venaient alors à son secours, lui proposant de payer ses dettes s'il voulait s'engager avec eux : ils obtenaient en retour de leurs promesses, une signature ou des gages, qui suffisaient pour rendre criminel celui qui n'eût été qu'à plaindre.

Une conspiration ordinaire n'eût pas assez flatté ceux qui dirigeaient celle-ci : ils prétendaient à des récompenses peu communes. Pour les mériter, il fallait augmenter la force apparente de la prétendue rébellion ; alors ils jetèrent leurs regards sur le chef-lieu, où ils n'eurent pas de peine à rencontrer quelques individus prévenus de délits politiques ; un, entr'autres, homme d'esprit et d'un grand caractère, expiait, dans l'attente d'un jugement, le malheur d'avoir déplu à certain personnage, depuis convaincu de faux témoignage devant le même tribunal, où antérieurement il avait fait traîner celui qu'il n'aimait pas. Ce prisonnier, dont on connaissait les moyens, devint le point de mire des provocateurs : on crut que, si on parvenait à le séduire, lui à son tour entraînerait un nombre considérable de prisonniers; en conséquence on feignit d'arrêter un individu nommé Delpierrin, qui fut chargé de ne rien négliger pour organiser dans la maison de détention un complot utile aux projets des vrais conspirateurs.

Cet agent trouva dans la prison force gens très-empressés de recouvrer leur liberté, mais qui ne voulaient pas l'acquérir par la rébellion et le meurtre. Repoussé d'abord dans ses tentatives, il ne se découragea pas : sa persévérance parvint à le faire écouter; alors il *donna des preuves* que, mandataire du fameux comité directeur, il n'était venu dans ce lieu que pour nouer des intelligences nécessaires à assurer le soulèvement général, qui devait le même jour éclater dans tout le royaume. Il montra un acte d'association signé par les personnages les plus recommandables de France. Il parla aux passions, à l'intérêt, à ce besoin si puissant d'échapper aux fers, avec tant de véhémence, qu'il parvint à surprendre plusieurs détenus : le principal d'entr'eux, qu'on nommait Albert, luttait encore ; fort de son innocence, il ne voulait devoir sa libération qu'à l'acte de la justice : il repoussait tout autre moyen. Vaincu enfin par les instances de ses compagnons d'infortune, il consentit à partager leur sort, et à se lier avec eux. Alors Delpierrin, s'appuyant sur le titre important qu'il leur avait communiqué, leur demanda un gage semblable en retour des efforts qu'on allait faire pour les soutenir dans leur tentative d'évasion. Albert, de nouveau, s'opposa à ce qu'exigeait l'agent provocateur : il redoutait les suites que pouvait avoir une telle démarche, et où pouvait conduire un acte pareil. Mais le malheureux combattait sans succès contre sa funeste destinée : il céda comme il avait déjà fait. Delpierrin, par une ruse infernale, voulut que chacun des conspirateurs écrivît lui-même quelques lignes du fatal écrit : une telle condition n'éclaira pas des yeux aveugles; on lui accorda tout. Dès qu'il eut entre ses mains la preuve évidente du complot, il se hâta de sortir de la prison, et courut remettre ce titre accusateur à ceux qui l'avaient employé. Nous arrêtons ici le récit de cette trame odieuse, pour nous occuper d'une des ramifications qu'elle devait avoir.

L'absence du colonel de Valtaire paraissait mettre quelque obstacle à ce qu'on pût l'impliquer dans cette fausse conspiration; mais son éloignement, loin d'être défavorable, fournit le spécieux prétexte de pouvoir faire affirmer qu'il ne s'était rendu à Paris, que pour s'aboucher avec le comité directeur, dont les membres, comme chacun sait, habitent cette capitale, sans que la police soit parvenue à connaître encore leur demeure. On assura que le colonel, chargé des instructions les plus détaillées, devait revenir très-incessamment, et que son arrivée au chef-lieu serait le signal de l'insurrection générale. Dès ce moment, Ernest devint un personnage important; ses pas furent observés avec soin, et l'on expédia par estaffette la nouvelle de son départ de Paris.

Loin de se douter que la malice la plus noire eût voulu ternir la loyauté de ses sentimens, Ernest, impatient de se rendre auprès d'Aline, avait terminé ses affaires, et volait, rempli d'allégresse, vers le lieu qui renfermait l'objet de sa pure affection. Il n'avait pas à l'avance fait connaître l'époque de sa venue; aussi en paraissant causa-t-il une agréable surprise à tous les habitans de la maison. Une vive rougeur colora le gracieux visage d'Aline; elle voulut répondre avec politesse au colonel, et la parole expira sur ses lèvres au souvenir important de tout ce que Célénie lui avait révélé. Lubert de son côté témoigna toute sa joie à son jeune associé; il le félicita de nouveau des faveurs de la fortune, et plus encore de la résolution qu'il avait prise de ne pas abandonner le commerce. Il lui conta les nouvelles de la ville, le passage du prince, les tracasseries de société. Il lui fit part de la vague et sombre agitation qu'il remarquait autour de lui.

« Je ne sais trop que vous dire, ajouta-t-il; mais on répand des bruits singuliers. On trouve ici des personnages inconnus qui s'agitent dans l'ombre. On a cherché à entraîner trois de mes chefs d'ateliers, à des associations qui ne me conviennent pas. On leur parle des torts du gouvernement, des besoins d'organiser une résistance à des périls encore bien éloignés, à des projets qui tendraient à détruire la liberté, la prospérité publique. Je n'aime point ces étrangers qui viennent troubler notre repos. On peut ne pas être content de la marche du ministère; mais c'est à haute voix qu'il faut l'attaquer, non par des marches détournées, qui devraient être odieuses à tout bon Français. »

Tout ce que Lubert pouvait dire sur ce point à Ernest, n'occupa guère celui-ci, dont l'attention était toute entière portée en ce moment à remarquer la mélancolie profonde qui éclatait sur le visage d'Aline. Il s'apercevait qu'elle n'avait plus pour lui la bienveillance accoutumée; qu'elle cherchait à fuir ses regards passionnés, et qu'elle évitait sa conversation; il ne douta pas que durant son absence un nuage ne se fût élevé entre lui et cette belle personne. Jamais encore il ne lui avait parlé de son amour; il avait été par conséquent facile à Célénie de faire prendre à Aline le change sur la vérité des sentimens d'Ernest. Ce dernier ne tarda pas à deviner que mademoiselle de Girmel pouvait ne pas être étrangère au froid accueil qu'on lui faisait. Impatient de s'en éclaircir, il attendait que M. Lubert sortît vers le soir, comme c'était son usage, pour aller passer quelques heures au cercle de commerce où il rencontrait ses amis : mais ce jour-là le négociant ne songeait point à quitter sa demeure; tout entier au plaisir de causer avec Ernest, il oubliait qu'ailleurs il était pareillement attendu par l'amitié.

CHAPITRE XXXV.

LE BON GÉNIE.

> Que voulez-vous? qu'attendez-vous de moi? Êtes-vous un de ces êtres supérieurs auxquels le Créateur de toutes choses a remis la garde du monde?
>
> *Le Château d'Alvar.*

La nuit arriva durant que ces personnages étaient agités de sentimens divers. Un domestique parut alors dans le salon de M. Lubert, demandant si lui et le colonel de Valtaire pouvaient recevoir la visite d'un individu qui paraissait très-empressé de leur parler? L'un et l'autre répondirent affirmativement. Aline allait se retirer, lorsque la porte fut rouverte de nouveau, et le baron de Lanol se montra. Sa présence causa une surprise générale; on connaissait peu le baron dans la maison Lubert, quoiqu'on le rencontrât souvent dans le monde. On savait que, tout entier à ses opinions, un peu plus que monarchiques, il employait les ressources de son esprit au triomphe de sa cause. Le négociant, qui le jugeait anticonstitutionnel, n'avait voulu dans aucune circonstance se rapprocher de lui. Ernest, qui ne paraissait dans le monde que depuis la venue du nouveau préfet, ne s'était guère informé d'un homme pour lui à peu près étranger; plus occupé d'Aline et de Célénie, il ne regardait les autres membres de la société que comme des figures magiques qui se montraient et disparaissaient. Il se rappelait seulement que le baron de Lanol lui avait une fois rendu un important service, en venant interrompre une conversation qu'Ernest soutenait malgré lui avec mademoiselle de Girmel. Enfin de toutes manières la visite du baron paraissait extraordinaire, et par suite elle piqua davantage la curiosité; celle d'Aline fut surtout portée au comble; aussi, s'arrêta-t-elle au moment où elle allait sortir du salon.

M. de Lanol avait trop l'usage du monde, et surtout l'habitude de l'observation, pour ne pas deviner au premier coup d'œil l'étonnement que faisait naître sa venue.

« Pardon, monsieur Lubert, dit-il au négociant, si, sans me faire présenter chez vous, j'y entre sans façon. Croyez qu'un motif bien puissant me conduit pour m'obliger à franchir ainsi les règles de la bienséance. Je viens au secours d'un jeune homme qui ne me connaît pas, mais à qui j'ai l'honneur d'appartenir. Je viens, dis-je, arracher une victime au plus abominable complot. »

Ce début, cette manière d'annoncer un péril prochain, l'appui qui devait en préserver, apportèrent le comble à la surprise générale. M. Lubert, avançant un fauteuil, proposa au baron de Lanol de s'asseoir.

« Je ne le puis, dit le dernier; il faut que je me retire, et que j'emmène le colonel-manufacturier, qui, non content de plaire aux dames, s'avise encore de conspirer contre la sûreté de l'État. »

— « Moi, monsieur! s'écria Valtaire vivement indigné; et qui ose m'accuser d'une pareille infamie? »

Il dit, et porta involontairement la main à la place si long-temps occupée par son épée. Lubert ne put retenir une exclamation, et Aline, toute tremblante, tomba dans un fauteuil en levant les yeux au ciel.

« Colonel, dit le baron, je ne doute pas de votre innocence, j'ai la conviction qu'elle sera pleinement prouvée; mais je ne veux pas moins vous enlever pour le moment au péril qui vous menace. Enveloppé par des mains habiles dans une trame perfide; votre liberté est exposée, et à minuit on viendra vous surprendre durant votre sommeil. Alors, peut-être essaiera-t-on de glisser dans quelque lieu de votre appartement, des pièces propres à vous compromettre. Auriez-vous pour agréable d'être jeté de suite dans une prison où vous serez confondu parmi des misérables? N'auriez-vous pas à redouter de tomber victime des gens intéressés à vous punir des avantages que la nature et la fortune vous ont prodigués? Suivez-moi, je vous prie; je réponds de votre sûreté, et je m'engage à confondre plus tard les misérables qui vous calomnient. »

— « Monsieur, répliqua Ernest, ce que vous me dites m'étonne. J'arrive de Paris, il y a deux heures; je ne me suis jamais occupé de louer ou de blâmer l'action du gouvernement; je ne puis concevoir comment, dans une conduite irréprochable, on a pu trouver les élémens d'une pareille conspiration. »

— « Oh ! mon cher colonel, c'est que vous n'avez pas bien étudié les hommes; ils sont habiles à réunir des mots épars, dont ils savent former de bonnes phrases bien criminelles. Mais, je vous le répète, ne perdons pas de temps, venez; il faut me suivre, on ne vous lever cette nuit que pour aller dans un cachot achever votre sommeil. »

— « Oui, monsieur Ernest, » dit Aline, qui voyait avec peine la résistance de son amant; « si quelque danger vous menace, ne refusez pas de vous confier à celui qui veut vous en délivrer; vous le devez pour vous, pour mon père, pour.... pour vos amis, » ajouta-t-elle en hésitant.

— « Auriez-vous quelque crainte sur ma sincérité ? » dit le baron avec l'accent de la plus naturelle franchise.

— « Monsieur, répond Ernest, je n'ai jamais soupçonné le mal; c'est bien assez, lorsqu'il éclate, d'être contraint à reconnaître son existence Mais vous avez dit que je vous appartenais; je serais sans doute flatté d'une telle alliance; excusez-moi, si je l'ignore : je ne me suis jamais mêlé d'étudier mon arbre généalogique, et mon père, quoique bon gentilhomme, ne s'en occupait pas plus que moi. »

— « Je ne dois pas être alors étonné, s'il ne s'est point attaché à vous faire connaître la famille de votre mère, et si je n'ai pas eu le plaisir de vous voir dans ma maison, lorsque vous êtes venu habiter cette ville. J'étais peiné, colonel, de cette indifférence, et cependant je n'ai pu me détourner de m'attacher à vous; déjà même je crois vous en avoir donné la preuve, lorsque, dans une certaine soirée, je rompis un entretien qui pour vous n'avait plus de charme.»

Ces dernières paroles furent prononcées du ton ironique si familier au baron, lorsqu'il voulait placer une légère malice.

Ernest le comprit parfaitement, mais n'eut garde de prolonger la conversation sur ce point. Il demanda seulement à connaître quel lien l'unissait au baron, auquel il fit à l'avance des excuses, pour la faute que lui avait fait commetre son ignorance.

« Madame de Valtaire, répondit le baron, était ma cousine germaine; je suis, comme vous le voyez, votre oncle à la mode de Bretagne; et je commencerai notre reconnaissance par exiger de mon cher neveu, qu'il veuille me suivre sans retard ; dussé-je déchirer plus d'un cœur, par l'enlèvement que je vais faire. »

La force du caractère l'emportait toujours, et M. de Lanol ne pouvait se retenir de tourmenter ceux-là même auxquels il rendait d'importans services. M. Lubert, qui ne devinait pas où le coup portait, et qui jusque-là avait gardé un silence commandé par la consternation, ne vit dans les derniers mots que l'expression des sentimens paternels qu'il ressentait pour Ernest. Il prit alors la parole pour conseiller à son jeune ami de mettre, sans perdre de temps, sa personne en sûreté.

« Allez, lui dit-il, sous la conduite de Monsieur chercher un prudent asile ; laissez ensuite agir vos amis ; je vous promets que Monsieur le Préfet ne sera pas le dernier à s'employer pour votre service. »

— « Je ne doute pas, Monsieur, reprit le baron, du crédit que vous avez sur notre premier magistrat ; je dois néanmoins vous faire observer que, par le devoir de sa place, il est contraint d'exécuter les ordres transmis par l'autorité supérieure ; que, par trop de confiance en son amitié, il serait à craindre de le jeter dans une position délicate ; que la prudence enfin commande de lui taire impérieusement mes rapports avec le colonel, et que je sois instruit du lieu de sa retraite. Je ne saurais trop rappeler ces deux points principaux à vos méditations ; mais le temps fuit, tandis que l'heure de la perfidie approche. Allons, mon neveu, partons ; je me charge dorénavant du soin de votre logement, et de celui de donner de vous des nouvelles propres à calmer les terreurs de vos amis. »

Ernest, pressé de s'éloigner, se vit avec désespoir contraint à reculer le moment de l'explication qu'il voulait avoir avec

Aline. Ce désappointement ajouta à la mauvaise humeur que lui donnait sa nouvelle position. Il vit pourtant qu'il n'était plus possible de retarder sa fuite; il partit donc en soupirant, après avoir embrassé Lubert qui, ainsi que sa fille, versait d'amères larmes en se séparant de leur ami. Restés seuls l'un et l'autre, après que le colonel et le baron se furent retirés, ils demeurèrent long-temps sans pouvoir proférer une parole, et comme enchaînés dans leur douleur. Lubert enfin sortit le premier de cet accablement, pour parcourir dans toute leur étendue les vastes chapitres des conjectures, dont presque jamais aucune ne se rapproche de la vérité.

Aline ne pouvait concevoir pareillement quelle intention criminelle poursuivait ainsi l'objet de ses affections. Elle avait l'âme trop candide pour deviner d'où partait ce coup cruel; elle eût pu soupçonner Célénie d'employer les ruses de la coquetterie, pour lutter avec elle; mais elle n'eût jamais imaginé jusqu'où pouvait s'étendre la profondeur des desseins de Monsieur le Préfet. Son père était loin d'avoir aussi cette pensée; il se flatta même, par un sentiment bien opposé, de rencontrer dans l'administrateur le défenseur zélé du colonel de Valtaire.

Tandis qu'ils s'égaraient dans leur chagrin, sans songer à prendre leur repas du soir, vers minuit la maison fut investie; le commissaire de police du quartier, revêtu de son écharpe, demanda au nom de la loi à être introduit sur-le-champ. On accéda à sa sommation; il se rendit, suivi de ses agens, dans l'appartement de Valtaire, et, ne l'ayant pas trouvé, il le réclama du négociant qui, avec plus de raison que le fils aîné de notre premier père, pouvait lui répondre: *Vous ne me l'avez pas donné en garde.*

Les expressions consacrées dans nos livres saints furent en effet celles que Lubert employa, contenant à pein son indignation, de ce qu'on le soupçonnait capable de trahir lâchement l'amitié. Pendant la durée de cette façon de visite domiciliaire, Aline, à genoux au fond de sa chambre, implorait la puissance divine en faveur d'Ernest; elle redoutait que d'adroits espions n'eussent éclairé sa fuite, et que, plus tard, on ne courût le surprendre dans le lieu qui le récélait. Combien sa joie fut grande, lorsque, vers la naissance du jour, un des ouvriers au service de M. Lubert vint lui remettre un billet écrit par Ernest, qui, parvenu sûrement dans un asile hors de toutes surprises, les engageait à reprendre la tranquillité qu'il goûtait en ce moment. Quelques lignes, tracées par le baron de Lanol, prévenaient le négociant que Valtaire partirait le surlendemain pour Paris, où sa présence devenait nécessaire à la défense de sa cause.

Lubert, après avoir veillé durant presque toute la nuit, attendait avec impatience l'instant où il pourrait aller trouver Monsieur le Préfet. Dès que fut venue l'heure où s'ouvraient les audiences de l'administrateur, il se hâta de s'y rendre, demandant aussitôt à parler à ce dernier pour affaire très-pressée. On l'introduisit sur-le-champ; et Girmel, dès qu'il l'eut aperçu :

« Ah ! mon cher ami, que je suis charmé de vous voir ! lui dit-il. J'allais vous faire inviter à venir me trouver en toute diligence, afin de vous entretenir des événemens arrivés cette nuit passée, et dont sans doute une partie vous est connue. »

— « Je ne connais encore, dit Lubert, des événemens dont vous me parlez, que ce qu'à ma grande surprise mes yeux ont vû, lorsqu'on est venu dans ma propre maison pour saisir le colonel de Valtaire, comme s'il eût été le plus coupable des malfaiteurs : lui le plus généreux, le plus estimable des hommes ! »

— « Hélas ! vous me voyez confondu, comme vous, de cette particularité désagréable. Jamais je n'eusse pu croire qu'un gentilhomme, un militaire plein d'honneur, participât à un complot qui allait compromettre son existence, en menaçant la sûreté de l'État. »

— « Et moi, monsieur, je ne le crois pas encore ! De vils ennemis ont calomnié le colonel de Valtaire ; mais sa vie irréprochable déjouera l'espérance de la malignité. »

— « J'aime la chaleur que vous employez à défendre vos amis ! Mais si, comme moi, vous aviez acquis la preuve de la culpabilité de votre associé, vous ne pourriez plus que le plaindre, en l'accusant, avec raison, des maux qu'il voulait accumuler sur la France. »

— « Je persiste dans mon opinion, Monsieur le Préfet; j'attendrai le jugement de cette cause, pour réformer celui que j'ai déjà porté. Cependant, vous l'avouerai-je? vos propos me percent le cœur; ils ajoutent à l'amertume de ma peine, en renversant tout mon espoir. Loin de vous croire prévenu contre le colonel de Valtaire, je venais implorer votre protection pour le défendre dans son infortune. »

— « Eh! qui vous a dit, mon bon ami, que je vous refuserai mon assistance? Peut-être ce jeune homme n'a-t-il fait que céder aux pernicieux conseils. Il serait possible d'accommoder cette affaire; mais il faudrait que j'eusse des motifs personnels qui me portassent à m'intéresser à lui : un fonctionnaire public a toujours mauvaise grâce, lorsqu'il prend la défense de ceux que poursuit le gouvernement. Si néanmoins, par exemple, donnant des suites à la proposition que je vous fis il y a quelque temps, mon Adolphe devenait l'époux de mademoiselle Lubert, alors il paraîtrait naturel que je cherchasse à sauver l'associé d'un personnage qui tiendrait à ma famille. L'autorité, les citoyens, connaissant d'ailleurs la pureté de mes sentimens, penseraient que mes démarches ne tendraient qu'à prouver l'innocence de mes propres alliés, en prouvant celle de l'individu qui est lié avec eux. »

Lubert ne s'attendait point à une pareille attaque; elle le surprit, lorsqu'en même temps une voix intérieure lui donna des inspirations qu'il n'avait pas eues jusque-là. Craignant plus que jamais d'exposer le bonheur de sa fille, il se retrancha, dans sa réponse, sur les mêmes raisons que déjà il avait données, déclarant que le salut d'Ernest lui était bien cher, mais qu'Aline seule ponvait décider s'il fallait le payer d'un tel prix.

Girmel comprit de cette réponse qu'il s'était trop avancé; il craignit en même temps d'éveiller les soupçons d'un honnête homme, et chercha les moyens de les détourner. N'insistant plus alors sur ce qu'il venait de dire, il promit en termes généraux de tout faire pour le Colonel, s'il trouvait l'occasion de l'obliger, et congédia le négociant, étant l'un et l'autre assez peu satisfaits du résultat de cette entrevue.

CHAPITRE XXXVI.

LE FAUSSAIRE DÉMASQUÉ.

> Un coupable puni est un exemple pour la canaille ; un innocent condamné est l'affaire de tous les honnêtes gens.
>
> LA BRUYÈRE, *Caract.*, chap. XI.

LUBERT, presque détrompé des espérances qu'il avait fondées sur Monsieur le Préfet, retourna tristement chez lui, ne sachant ce qu'il devait décider, redoutant surtout de faire à sa fille la confidence de ce qui lui avait été révélé.

Aline attendait son retour avec anxiété; elle craignait qu'il ne rapportât un sinistre refus; elle n'accompagnait cependant pas sa terreur, de la connaissance du dévouement sans bornes, que nos ministres exigent des serviteurs du roi. Elle ne savait pas que, lors même que les preuves matérielles de l'innocence de Valtaire eussent posé dans les mains de l'administrateur, celui-ci eût dû le déclarer coupable et le poursuivre même: car il ne faut pas déconsidérer le pouvoir en le présumant injuste. Indignes maximes, repoussées par nos lois, par notre souverain, mais souvent mises en pratique par la servilité des agens de nos six EXCELLENCES.

Il suffisait à Aline qu'un véritable danger pesât sur le colonel, pour qu'elle vît avec effroi les suites de cette affaire, qui se présentait à ses yeux, revêtue des plus sombres couleurs. Son père, lorsqu'il parut devant elle, ne montra pas cette hilarité, annonce positive d'une heureuse nouvelle; il était concentré en ses réflexions; les mots n'échappaient de ses lèvres qu'avec effort. Il raconta d'abord comment Monsieur le Préfet était prévenu contre Valtaire, à cause de la certitude qu'il prétendait avoir de la culpabilité de ce dernier. Lubert avoua, en outre, qu'il y avait peu de fonds à faire sur les promesses du magistrat, demeuré comme impassible aux puissantes sollicitations qu'il lui avait adressés.

« Ainsi, mon père, dit Aline, monsieur de Girmel ne vous a point paru disposé à secourir notre ami? Il l'abandonne à sa fatale destinée; et l'intérêt d'un homme qu'il a vu tant de fois, ne lui inspirera aucune démarche qui puisse lui être utile? »

— « Monsieur le Préfet, répliqua Lubert, loin de se croire obligé de montrer quelqu'affection au Colonel, m'a dit franchement, qu'il ne se sentait pas disposé à soustraire à la juste colère du gouvernement, celui auquel ne le liaient que de très-ordinaires rapports de société! Il faudrait, a-t-il ajouté, pour que je le servisse avec chaleur et quelque apparence de raison, que je fusse uni plus particulièrement à la famille de ses amis. »

— « Et par ces mots qu'a-t-il voulu dire? Je ne comprends pas bien cette phrase; elle présente une certaine obscurité. »

— « A quoi nous servirait de l'éclaircir? Pouvons-nous faire plus que nous ne faisons? »

Aline ne parut pas contente de la réponse de son père; ou plutôt, entrevoyant la fâcheuse vérité, elle souhaita la connaître dans toute son étendue. M. Lubert, malgré le peu de désir qu'il avait de satisfaire cette inquiète curiosité, fut pourtant obligé d'entamer le point principal; il avoua enfin que M. de Girmel demandait pour son fils la main d'Aline, que le mariage ne convenait pas à lui Lubert, sous tous les rapports; il avait cherché à éluder une réponse précise, et que, dans sa dernière entrevue avec l'administrateur, celui-ci lui avait franchement avoué que le salut d'Ernest dépendait de l'accomplissement de cette union.

Ce fatal aveu accabla celle qui l'entendit, un douloureuse oppression fit contracter son cœur; et, long-temps incapable de répondre à son père, elle voulut auparavant s'interroger elle-même, afin de s'assurer si Ernest lui étant plus cher que son bonheur, elle lui en ferait le sacrifice. Durant ce combat intérieur, le bon négociant qui enfin en devinait la cause, se promenait à grands pas dans le salon, attendant lui-même avec terreur le parti que prendrait sa fille. Ni l'un ni l'autre n'était disposé à rompre le silence, lorsque mademoiselle de Girmel parut à la porte de l'antichambre. Lubert, à son aspect, se hâta de se retirer, voulant qu'elle se trouvât seule avec Aline, et jugeant avec raison qu'elle était, dans ce moment, la messagère de Monsieur le Préfet.

« Eh! bien, ma bonne amie, nous voilà tous désolés? Concevez-vous l'imprudence du colonel de Valtaire? où donc a pu le conduire sa facilité malheureuse et l'excessive bonté de son caractère? »

— « Je ne sais à qui l'on doit attribuer, dit Aline, les torts premiers de son infortune; tout ce que je puis assurer, c'est que l'on a calomnié indignement M. de Valtaire, et que je ne puis concevoir la conduite d'une partie de ses amis, dans cette circonstance. »

— « Hélas! n'accusez pas la mienne, le revers du colonel m'a déjà coûté tant d'amères larmes! mais je ne puis rien pour lui, lorsque celle qui, d'un seul mot, pouvait lui acquérir le plus véhément protecteur, ne voudra peut-être pas prononcer une parole salutaire. »

C'était parler clairement. Aline ne put se dissimuler le but où tendaient les propos de Célénie; elle était déjà résolue à s'immoler pour son amant, lorsque la pensée venant la frapper qu'elle allait rendre mademoiselle de Girmel heureuse, peut-être un jour aux dépens de son propre bonheur, arrêta l'assentiment qu'elle était prête à donner aux désirs de ses ennemis. Célénie, feignant d'ignorer ce qu'Aline pouvait éprouver dans son âme, entra dans de longs détails sur la conspiration et les suites qu'elle devait avoir. Elle eût commencé, en débutant, par l'assassinat de tous les fonctionnaires publics. On eût ouvert les portes de la prison aux brigands qu'elle renfermait, et proclamé un étranger pour souverain. Valtaire, assurait-on, avait consenti à prendre le commandement des troupes rebelles. Ce fait était certifié par plusieurs dépositions ; mais la pièce la plus forte contre lui était un pacte d'association revêtu de sa signature. Ce titre se trouvait encore, par bonheur, dans les mains du Préfet qui ne devait l'envoyer au procureur du roi, qu'après avoir perdu toute espérance de ne former qu'une seule famille de la sienne et de celle de M. Lubert. Célénie parlait avec véhémence, elle porta l'effroi dans le sein d'Aline, qui tout à coup prenant une subite résolution :

« Vous dites que Monsieur le Préfet possède un écrit qui seul peut perdre notre ami ? Qu'il le remette à M. Adolphe, que celui-ci l'apporte à mon père, je ferai alors connaître mes intentions à votre frère, et votre but sera rempli. »

— « Ah ! ma chère belle, s'écria Célénie, en embrassant Aline à plusieurs reprises, que je serai contente de vous nommer ma sœur! et de quelle joie je comblerai mes bons parens, en leur faisant part de ce que vous venez de me dire! Souffrez que je coure les trouver, je serai prompte à revenir avec mon frère, qui, mieux connu de vous, en sera plus apprécié. »

Aline ne répondit point à cette dernière phrase : l'expression mélancolique de son visage contrastait avec l'allégresse qui se peignait sur celui de sa rivale triomphante. Celle-ci, satisfaite du succès de son intrigue, s'éloigna en riant, tandis qu'Aline demeurait immobile dans son fauteuil, ensevelie au milieu des plus pénibles réflexions.

Oh! comme Célénie était contente! avec quel plaisir elle entra dans l'hôtel de la Préfecture! Elle rencontra sur l'escalier qu'elle montait rapidement, le baron de

Lanol qui le descendait avec la même vitesse, l'un et l'autre s'arrêtèrent en se saluant.

« Enfin, mademoiselle, dit le baron, nos efforts l'ont emporté ; vous travaillez, je présume, comme moi, à sortir d'embarras le colonel de Valtaire ; le voilà délivré d'une partie de ses soucis, et je me félicite d'avoir pu convaincre monsieur votre père de son innocence. »

En disant ces mots, le baron fit un nouveau salut, et poursuivit son chemin, laissant Célénie interdite, qui s'écria malgré elle :

« Ah ! le vilain homme, il ne me parle jamais que pour me contrarier. »

Impatiente néanmoins de savoir ce qui s'était passé durant son absence, elle acheva de franchir l'intervalle qui la séparait du cabinet de son père.

« Victoire ! lui dit-elle en entrant ; victoire pleine et entière ! Aline est à nous.

Donnez-moi le papier qui doit assurer à mon frère une si digne épouse; qu'il vienne avec moi le porter à M. Lubert, et la fille de celui-ci deviendra la récompense du salut du Colonel.

— « Ah! oui, dit madame de Girmel, que Célénie n'avait pas aperçue, demandez cette pièce importante à votre père; il lui sera bien difficile de vous la donner, il ne l'a plus. Il vient de la céder avec une facilité qui tient beaucoup de la faiblesse. »

— « Eh! madame, répliqua le Préfet, n'étais-je pas trop compromis en la gardant davantage? »

— « Quoi, mon père! s'écria Célénie, le puissant talisman n'est plus en votre pouvoir, à qui donc l'avez-vous cédé? »

— « Au baron de Lanol, qui l'emporte au moment même, » poursuivit madame de Girmel.

— « A lui? le détestable personnage!

il avait bien acquis le droit de me persifler, comme il vient de le faire. »

Célénie parut curieuse de connaître comment le baron s'y était pris pour vaincre le Préfet; et nous allons mettre en action le récit fait par ce dernier à sa fille.

M. de Girmel était dans son cabinet, lorsque le baron de Lanol lui fit demander une audience qui ne souffrait pas de retard. Le magistrat, qui se rappelait encore sa dernière entrevue avec le personnage, fut saisi d'un frisson involontaire, qui lui parut le triste pressentiment de quelque désagrément nouveau que le baron allait lui procurer. Il eut un instant la pensée de lui faire dire qu'il n'était pas visible; et un laquais alla apporter ses excuses du refus qu'il faisait de recevoir, en ce moment, celui qui souhaitait lui parler. Girmel se croyait délivré après cette réponse, lorsque le valet revenant, lui dit que M. de Lanol, loin de se retirer, insistait de nouveau, disant qu'il venait de la part du d...... F..s.; à ce nom qui annonçait des rapports intimes et secrets, le Préfet n'osa plus défendre sa porte, force fut à lui de laisser entrer le baron. Celui-ci, après les premiers complimens, lui exposa le motif de sa visite, en lui montrant les ordres transmis par un personnage élevé en dignité, qui voulait connaître dans les moindre détails la conspiration récemment découverte au chef-lieu.

Monsieur le Préfet, docile aux désirs qu'on lui transmettait, raconta avec prolixité la suite des événemens, dont nous dérobons en partie la connaissance au lecteur; il les retrouvera, s'il en est curieux, dans plusieurs causes criminelles, jugées naguère parmi nous. Le baron écouta le tout dans un profond silence; mais lorsqu'il entendit prononcer le nom du colonel Valtaire, il arrêta le narrateur, demandant s'il était bien certain que cet estimable jeune homme eût trempé dans ce complot contre le Gouvernement? Girmel, ignorant tout l'intérêt que son interlocuteur prenait à Ernest, ne balança pas à soutenir ce qu'il avait avancé. Le baron faisant toujours des objections nouvelles, la prudence de Monsieur le Préfet l'abandonna complétement. Il crut convaincre Lanol, et le réduire au silence, en mettant sous ses yeux le pacte signé par le colonel. Le baron, à la vue de cette pièce, parut être quelque peu ému, il l'examina avec attention; puis, en la rendant au magistrat, il pria celui-ci de faire appeler sur-le-champ le secrétaire général auquel il voulait communiquer, dit-il, des choses très-essentielles. Il continua de converser, en attendant Habacuc, sur les autres scènes de la conspiration; mais, dès qu'il eut vu entrer celui dont il avait réclamé la présence, il fut à lui :

— « Monsieur, dit-il, un crime grave pèse sur votre tête, et la preuve convainquante de ce fait repose maintenant dans les mains de Monsieur le Préfet. »

A ce propos si imprévu, l'administrateur parut troublé jusqu'au fond de l'âme, et le pâle visage du secrétaire général se colora pour la première fois. Habacuc néanmoins, se remettant de l'effroi que lui avait causé cette vive attaque, voulut prendre le ton de la vertu offensée; mais le baron ne lui donna guère le temps de parler, car reprenant la parole :

— « Monsieur, lui dit-il, je vous accuse d'avoir sciemment contrefait la signature du colonel de Valtaire, qui se trouve sur le pacte que l'on vient de me montrer. Elle est écrite de votre main, et non de la sienne; j'ai tous les moyens de prouver ce que j'avance, et Delpierrin ne me contredira pas, lorque je le ferai appeler devant moi. Monsieur le Préfet, j'exige que sur-le-champ cette pièce soit paraphée par vous, par moi, par Monsieur, pour être remise sous le sceau de votre cachet et du mien au procureur du roi. J'espère que ce magistrat ne se refusera pas à venir la prendre lui-même, vu la gravité du cas et de l'accusation que je persiste à soutenir à la face de Dieu et des hommes. »

Si le baron de Lanol, au lieu de proférer ces terribles paroles, eût présenté au Préfet et au secrétaire général la tête de Méduse, il n'eût pu mieux les pétrifier. Immobiles l'un et l'autre, comme si la foudre les eût frappés, à peine osaient-ils se transmettre un furtif regard dans lequel se peignait leur anxiété commune. Le magistrat néanmoins, connaissant le danger du silence, ne tarda pas à le rompre. Il osa faire envisager au baron les chances dangereuses pour lui, s'il ne parvenait pas à prouver un fait tellement hors de vraisemblance, que lui Préfet ne pouvait se décider à l'admettre.

— « Monsieur, répliqua le baron, j'assume sur ma tête toute la responsabilité de ma dénonciation, qui n'a rien d'odieux ni d'embarrassé. Cet homme a voulu vous servir, il vous a compromis au dernier point. Je ne cours aucun péril, le sien est extrême. Et votre nom dans cette affaire pourrait intervenir d'une manière peu agréable pour vous. Je veux bien toutefois, non par égard pour le coupable, qui ne le mérite pas, mais par d'autres considérations, consentir à ne pas le poursuivre, ainsi que mon devoir le commanderait; ce sera néanmoins à deux conditions préalables : la première est que cet acte d'iniquité (montrant le pacte) me sera remis de suite; la seconde, que monsieur Habacuc va sur-le-champ écrire et signer sa démission de la place qu'il déshonore. Monsieur, je ne dis que la vérité ; et vos mouvemens ne doivent peindre ici que la confusion de votre âme. »

Terrassés par l'ascendant qu'un homme de bien prend toujours sur des méchans qui ne peuvent le perdre, le Préfet et Habacuc comprirent combien serait inutile et dangereuse pour tous deux une résistance prolongée. Le premier, feignant d'ignorer ce qu'il savait parfaitement, assura le baron de Lanol que rien n'avait pu lui inspirer de doutes sur la validité de la signature du colonel de Valtaire, et que cette circonstance le couvrait pourtant d'une extrême confusion.

— « Je déplore bien cruellement, ajouta-t-il, que l'amitié de Monsieur envers moi, en le poussant à me servir aux dépens de la justice, soit la cause fatale de sa perte en ce moment. »

Durant que Girmel parlait, Habacuc fut plus d'une fois tenté de le confondre, en dévoilant la part qu'ainsi que lui il avait prise à la trame coupable ; mais un regard rapide jeté sur l'avenir le détourna de cette vengeance maladroite. Il comprit qu'en perdant le Préfet il s'enlèverait sa dernière ressource, tandis que, après un peu de temps écoulé, il devait être certain que l'administrateur chercherait à le dédommager de sa disgrâce actuelle. En conséquence du résultat de ses réflexions, il s'assit à une table qu'il trouva près de lui, et d'une main tremblante traça l'exécution du châtiment qu'il méritait. En même temps Monsieur le Préfet, navré de douleur, remit l'acte sur lequel il avait fondé de si belles espérances au baron de Lanol, qui loin de le détruire l'emporta soigneusement.

CHAPITRE XXXVII.

LE DÉPART POUR PARIS.

> Ils se tiennent à genoux quand il les regarde en face ; ils montent sur des échasses quand il leur tourne le dos.
>
> PALAPRAT, *Corresp.*

Le baron de Lanol avait des moyens secrets, mais positifs, pour être instruit de tout ce qui était connu de la police; il avait donc appris par cette voie indirecte la plus grande partie des détails de la conspiration; sa perspicacité lui aida à découvrir le reste. Un regard jeté sur la signature contrefaite d'Ernest acheva de lui donner la clef d'un grand problème. Le colonel se trouvait à Paris lorsque le complot s'ourdissait au chef-lieu; il n'avait pu par suite y prendre aucune part active. Le baron savait en outre les projets de Girmel, relativement au mariage de son fils; il devina sans peine qu'un rival redoutable comme Valtaire avait dû être écarté par un grand moyen. Il vit qu'on espérait, en accablant momentanément le jeune militaire, l'empêcher de mettre obstacle à une union vivement désirée; qu'en infamies de ce genre le sieur Habacuc n'était pas novice.

D'après ces faits, qui réunis formèrent sa conviction, le baron ne craignit pas d'attaquer le scélérat en face, bien persuadé de ne pas être trop vivement combattu par Monsieur le Préfet, qui aurait alors trop d'intérêt à repousser le soupçon d'une dangereuse complicité. Il ne fut trompé dans aucun de ses calculs, son plan réussit comme il l'avait tracé. Habacuc perdit sa place, et l'administrateur ne le défendit pas. Le colonel en outre gagnait tout à cette victoire; il ne pouvait plus être légalement poursuivi; et le mariage, unique but de toutes les intrigues de la famille Girmel, s'évanouissait en fumée. Le baron de Lanol eût dû certainement faire plus encore; il convenait à un homme tel que lui, de descendre dans toutes les profondeurs d'une conspiration plutôt commandée que réellement entreprise; mais ici que de choses nous aurions à dire pour sa justification ! Le mal est quelquefois si puissamment soutenu, si fortement désiré, que des obstacles invincibles se fussent opposés à ce qu'il pût faire part au gouvernement de toutes ses lumières, dont en ce moment on ne voulait pas. On permettait bien au baron d'arracher son parent à l'opprobre d'une condamnation; mais éclairer la turpitude des agens inférieurs du pouvoir, à une époque qui ne ressemble à rien de celle de nos jours présens, eût été repoussée, car, sans de fréquentes conspirations, comment aurait-on eu le prétexte de calomnier la génération actuelle, à laquelle on én veut tant, et nous savons bien pourquoi.

Ernest, durant le cours de ces démarches en sa faveur, était caché dans l'hôtel du baron, qu'il quitta le surlendemain pour se rendre à Paris, où il demeura incognito quelque temps encore, tant il y eut de la difficulté à arracher leur proie à ceux à qui elle n'appartenait pas. Ernest s'éloigna après avoir rassuré M. Lubert et Aline: celle-ci put enfin, dans une lettre que le colonel adressa au négociant, lire d'une façon plus claire l'expression des sentimens de l'amant de son choix. Ernest ne craignit pas de confier à son digne ami le secret de son cœur, comme l'espérance de sa prospérité future: il lui demandait la permission, à son retour, de pouvoir être instruit de la bouche d'Aline si elle approuvait son désir de mettre à ses pieds un amour inspiré par ses vertus, et longtemps contenu par la plus noble des délicatesses.

Lubert, à la vue de cette lettre, qui renfermait, selon ses désirs, l'assurance du bonheur futur de sa fille, ressentit néanmoins quelque embarras en se rappelant les engagemens qu'il avait presque pris envers Monsieur le Préfet. Aline, qui de son côté, ignorait encore ce qui, le matin même, s'était passé à la préfecture, demeurait plongée dans le trouble où l'avaient jeté les confidences de son père et les révélations de Célénie. Toujours occupée de ce papier sinistre, qui devait perdre le colonel, elle attendait avec un serrement de cœur inexprimable la visite de sa perfide amie et du jeune Adolphe. Les heures s'écoulaient, et les personnages n'avaient point paru, lorsque la lettre d'Ernest, en lui causant la plus douce joie, vint pourtant lui rappeler qu'elle allait se sacrifier pour lui. Ce fut donc avec tristesse qu'elle écouta son père; une larme roulait dans ses yeux, et de profonds soupirs annonçaient sa douleur. Cependant rien n'arrivait de la préfecture, et Célénie avait pourtant annoncé qu'elle ne tarderait pas à revenir! Mille sinistres idées troublaient l'imagination d'Aline : elle craignait parfois que Monsieur le Préfet n'eût pas été le maître de soustraire un titre important; elle se figurait ensuite que peut-être Ernest était sur le point d'être arrêté, et que dès lors il ne serait plus possible de le soustraire à la rigueur des lois. Ces tristes idées accablaient Aline : elle n'eût pu les soutenir long-temps, quand on vint lui apporter un billet de Célénie. Celle-ci, en peu de mots, lui expliquait qu'elle ne pouvait plus lui tenir sa promesse, attendu que la pièce en question était passée en d'autres mains, et que pour l'avoir, ou pour obtenir qu'elle fût détruite, il fallait dorénavant s'adresser au baron de Lanol. Nulle réflexion, nulle phrase qui pût rappeler l'espèce d'engagement qu'Aline avait contracté, n'était ajoutée à ces paroles; elles finissaient par la formule d'usage. La famille de Girmel n'avait garde de fournir des armes qui eussent pu lui faire du mal.

Aline, en lisant cette lettre, sentit disparaître le poids énorme qui pesait sur son âme : la certitude que le parent d'Ernest possédait ce qu'elle eût acquis aux dépens de son bonheur la rendit à la tranquillité et à la vie; elle se jeta alors en pleurant dans les bras de son père, et lui avoua ce qu'elle avait promis de faire en faveur de leur ami commun. Lubert apprécia sans peine l'étendue d'un pareil dévouement : il en conclut que si Aline avait été capable d'un tel effort pour Ernest, lorsqu'il lui dissimulait une partie de sa tendresse, combien plus il lui serait facile d'aimer dorénavant cet aimable cavalier. Le père et la fille confondirent leur joie, et la nuit qui suivit ce jour n'eut pas pour eux les amertumes de celle qui l'avait précédé.

Raconterons-nous maintenant le dénoûment sanglant de la conspiration? Celui-là aussi fut terrible : il épouvanta les citoyens du chef-lieu, sans plus les convaincre de la culpabilité positive de ceux qui périrent; on ne vit en eux que des malheureuses victimes de la séduction, que des hommes entraînés par force vers une pensée qui n'aurait jamais eu de réalité, sans les inspirations fallacieuses des agens provocateurs, véritables criminels, eux qu'on rencontre partout où la révolte éclate, et qui ayant participé au complot dont ils sont les principaux instigateurs, ne participent point au châtiment qu'ils méritent plus que tout autre.

Le zèle avec lequel Monsieur le Préfet avait paru servir la chose publique appela sur lui les regards du ministère. Il fut mandé à Paris, et partit secrètement, de manière à déjouer la curiosité des gens du chef-lieu, qui n'apprirent son voyage que douze heures après qu'il l'eût effectué : il avait, selon le constant usage remis l'exercice de ses fonctions à M. Marvel, ce qui était chaque fois un nouveau crève-cœur pour le vicomte de Courtmartel. Un dédommagement fut pourtant accordé à celui-ci, dans le droit de pouvoir annoncer le premier, chez madame de Tersac, le départ subit, ou plutôt l'espèce de fuite de Monsieur le Préfet : il s'acquitta de ce rapport avec des expressions si ambiguës, qu'on put former la pensée qu'il en savait plus qu'il ne voulait dire.

— « Comment, Monsieur le Préfet est parti! s'écria Romeval, et parti sans m'en donner connaissance! Il a donc oublié que je devais demain dîner chez lui? »

— « Vous lui faites ce plaisir si souvent, répliqua le baron de Lanol, » qu'il s'est imaginé qu'à son retour vous ne refuseriez pas de le dédommager de la perte qu'il fait en vous quittant aussi vite. »

— « Assurément je ne manquerai pas de me présenter à son premier repas. J'aurai tant de plaisir à revoir Monsieur le Préfet! et l'on fait si bonne chère à la préfecture! »

— « Monsieur le Préfet est parti! dit à

son tour la comtesse de Mertange, et avec tant de précipitation! N'y aurait-il pas dans ce voyage hâté quelques motifs de craintes personnelles? Ne serait-ce point les préliminaires d'une destitution? »

— « Que parlez-vous, madame, de destitution? répliqua madame Robert. Se pourrait-il que ma parfaite amie ne fût plus *Préfète?* Quel malheur ce serait pour moi! Voilà encore de nouvelles connaissances à faire; non que je ne sois bien convaincue des mérites de l'*épouse* du Préfet que nous aurons..... »

— « Vous en êtes, Madame, dit le baron de Lanol, à tel point persuadée, que déjà vous nous ferez son éloge. »

— « Eh! pourquoi pas? Je suis toujours certaine que les ministres font d'excellens choix. »

— « En Préfets, c'est possible; mais les femmes de ceux-ci? »

— « Tenez, monsieur le baron, vous perdrez vos soins, vous ne me ferez pas dire que ma parfaite nouvelle amie ait moins de qualités que son époux. »

Cette discussion amusait la société, chacun se moquant de la gauche franchise de madame Robert; et chacun peut-être faisait, ou du moins pensait comme elle.

« Je suis pour la destitution, » disait l'un.

— « Et moi, pour un changement de préfecture, » répondait l'autre.

— « Vous vous trompez tous, disait Montmirail; je crois plutôt que le Roi a voulu s'informer de l'état que les officiers de sa maison tiennent dans la province. »

— « Ou plutôt, dit le comte de Mertange, se faire donner des renseignemens précis sur les familles nobles qui existent pures de principes, et sans mésalliance de race. »

Les conjectures allaient croissant ; c'est un trop beau chemin pour qu'on s'y arrête. Nul ne devinait le véritable motif du voyage. Il paraissait surprenant que madame de Girmel eût accompagné son mari, et que leur fils Adolphe et leur fille Célénie fussent restés à la préfecture. Recevront-ils ? ne recevront-ils pas ? se demandait-on. C'était un point qu'on ne put éclaircir sur-le-champ. La conversation revenait bientôt sur le motif principal qui excitait la curiosité publique ; les affaires de la famille Girmel ne tardèrent pas à être mises en discussion. Une voix alors demanda si la promptitude de leur départ avait permis au Préfet et à la baronne de régler les objets de leur dépense journalière.

« Oh ! pour le savoir bien vite, dit madame Robert, je passerai demain chez madame Folmantin, ma marchande de modes, qui est pareillement celle de ma parfaite amie, afin de m'instruire si celle-ci, avant de partir, a soldé tout son compte; elle dépensait beaucoup, elle avait toujours de si beaux *costumes*, de si fraîches *toilettes !* Je serais néanmoins fâchée qu'elle retardât de payer madame Folmantin, qui a une si nombreuse famille. »

Ainsi parlaient ceux qui s'abaissaient avec tant de servilité durant des personnages qu'ils insultaient devant leur absence. On s'avouait alors ce qu'on avait pensé en secret; car il n'est pas de faux visage qui ne finisse par tomber, quelque accident dénouant toujours les nœuds qui les retiennent.

CHAPITRE XXXVIII.

UN PRÉFET A PARIS.

> Juste retour, monsieur, des choses d'ici-bas.
>
> Molière, *Tartufe*, act. V, sc. III.

Le cœur toujours gonflé des honneurs que lui rendait une foule obséquieuse, Monsieur le Préfet espéra que dans Paris on ne le traiterait pas d'une manière moins favorable, surtout après avoir lu les lettres de quelques personnages importans, qui le félicitaient de la fermeté de sa conduite. Il avait depuis long-temps un congé dans son secrétaire, il jugea convenable de s'en servir : et le voilà décidé à faire le voyage qui devait lui procurer de nouveaux honneurs. Madame de Girmel, très-persuadée de la satisfaction que causerait sa présence à deux ou trois femmes de ministres, qu'elle prétendait avoir connues autrefois, déclara qu'elle aussi voulait être de la partie. Un désir de la baronne était un ordre pour son époux, à plus forte raison devait-il se soumettre lorsque la dame annonçait impérativement sa volonté. Le couple décida de partir sans en donner connaissance à personne, afin d'éviter d'être contraint à se charger de tous les placets des hommes, et de toutes les commissions des femmes. On arrêta, en outre, qu'afin de ne pas rompre entièrement s'il était possible, avec la famille Lubert,

Célénie et Adolphe resteraient à la préfecture. Dès le jour suivant, lorsque l'aube au teint de rose sortait de sa couche embaumée, comme on dit maintenant, monsieur et madame de Girmel montèrent en voiture, et les voilà sur le grand chemin.

Un Préfet, dans son département, lorsqu'il court la poste, est mené train de prince, c'est la règle; ainsi le nôtre ne s'aperçut pas qu'il avait quitté le chef-lieu, tant maîtres et postillons s'empressaient de le servir avec vivacité; mais au premier relais, hors des limites de sa vice-royauté, on le laissa se morfondre durant plus de demi-heure, sous prétexte qu'il fallait faire reposer les chevaux; vainement son valet-de-chambre décline la qualité du personnage. « Le Préfet! » dit un postillon qui à ce mot, saisit son fouet avec empressement; « est-ce monsieur le marquis.....? »

— « Non, mais le baron de Girmel, Préfet du département voisin. »

— « Ah! ce n'est que le voisin! eh bien, qu'il patiente; si jamais il devient le nôtre, dame, il verra comme je savons mener. »

Madame de Girmel, qui ouït ce propos, voulut gourmander celui qui le tenait; mais on ne lui répondit pas, et le postillon, en sifflant, fut cribler de l'avoine. Ce premier désappointement fut le présage de tout ce qui attendait de désagréable, durant le reste de la route, le couple voyageur; partout on les traita comme de simples particuliers; aucun homme ne céda le pas à Monsieur le Préfet: aucune dame ne donna sa place à madame la baronne. Messieurs les hauts fonctionnaires devraient, pour rabattre les fumées de leur orgueil, voyager plus souvent, cela leur procurerait de plus modestes idées.

Girmel enfin arrive dans Paris. Il se hâte de faire une parure élégante, il revêt son uniforme neuf, qu'il ne met que dans les grandes occasions, et il court, ou plutôt il se fait conduire par un superbe remise au premier ministère auquel il avait affaire. Avant de voir l'Excellence, il veut pénétrer dans un bureau. « Alte-là, monsieur, » lui dit un garçon de salle, « on ne passe pas. »

— « Mon ami, » répond Girmel avec assez de hauteur, « je suis le baron, préfet du département de..... »

— « Mon cher monsieur, vous ne pouvez entrer avant une heure; mais s'il vous plaît d'attendre, prenez place sur ce banc très-bien garni, et vous entrerez à votre tour. »

Attendre, s'asseoir sur un banc, faire antichambre pour parvenir à un simple commis, quels affronts! quel humiliant déboire! Lui, Monsieur le Préfet, il ne songeait point en ce moment que ses employés se conduisaient de la même manière, et que, dans le chef-lieu, ils recevaient avec une pareille impolitesse les plus considérables, les plus huppés de l'endroit. Encore ce désappointement eût été digérable, si le hasard n'eût pas amené au ministère un gros épicier en détail du chef-lieu, qui y avait certaine affaire. Dès que ce brave homme eut reconnu Girmel, il s'approcha de lui en poussant de grands cris : Monsieur le Préfet par-ci, monsieur le baron par-là; « Vous, arrêté à une porte! un dignitaire de votre rang! Toute la ville le saura lorsque j'y reviendrai, je vous jure. » Et en même temps, les auditeurs riaient de la confusion du fonctionnaire. Vainement celui-ci cherchait à fermer la bouche à son administré; c'était un travail impossible à bien conduire, l'épicier ne s'apaisait pas. Enfin le tour de Girmel arriva; et, en se précipitant dans le bureau, il échappa à la sotte servilité de l'un et à l'insolente hilarité des autres.

Très en colère de ce qui venait de lui arriver, oubliant comme un fonctionnaire doit agir vis-à-vis de messieurs les commis du ministère, il allait quereller celui auquel il avait affaire, quand le chef de bureau le prévint, et, d'un ton protecteur et désapprobatif tout à la fois, il lui donna à entendre qu'on se plaignait de sa négligence. « Rien ne se fait, Monsieur le Préfet, lui dit-il, dans votre administration, on y est d'une lenteur inconcevable ; plusieurs mois s'écoulent sans que nous obtenions des réponses sur les points les plus importans. Voilà, par exemple, plus d'une année que l'on vous a demandé de fixer le nombre précis d'œufs pondus par les poules, et la quantité des peaux de lapins vendues dans votre département (*Historique.*), et nous n'en savons rien encore. Vos bureaux sont très-mal organisés, SON EXCELLENCE s'en est déja plainte à plusieurs reprises, et vous devriez y donner plus de soin. »

Cette verte réprimande, adressée à haute voix, devant plusieurs solliciteurs, dans le nombre desquels se trouvait malheureusement le fatal épicier, qui avait presque forcé la porte afin de voir quelle brillante réception dédommagerait *son Monsieur le Préfet* de l'injure de l'attente, fit monter le rouge au visage de celui-ci. Il bégaya une réplique assez insignifiante d'abord, puis, en la terminant, il observa que depuis deux ans monsieur le premier commis ne lui avait pas non plus renvoyé un travail, au moins tout aussi important que celui exigé sur les poules et les lapins, car il s'agissait de la reconstruction d'un pont, qui, dans l'état où il se trouvait actuellement, interrompait la communication de deux contrées.

L'employé, à son tour, vivement offensé, se retira derrière son maître. « Monseigneur, dit-il, ne peut point faire à lui seul la besogne de quatre ; tout passe à son tour sous ses yeux ; il n'en est pas encore à votre pont, mais il est très en peine du produit de vos poules : voyez-le du reste lui-même, il vous redira mot à mot ce que je viens de vous communiquer en son nom. » Après avoir prononcé gravement ces paroles, le commis, saluant monsieur, parut lui faire entendre qu'il devait se retirer.

Girmel, pour se rasséréner quelque peu, fut, au sortir de cette audience, chez son protecteur subalterne, que nous avons déjà fait connaître au lecteur. Ce dernier, à la vue du magistrat, prit un air pénétré, et venant à lui en l'embrassant : « Eh bien, mon pauvre ami, vous venez donc prendre vous-même votre défense? j'allais vous mander d'accourir, je suis charmé que vous ayez prévenu ma lettre. »

— « Que voulez-vous dire, Gironval, avec ces sinistres expressions? Ai-je donc besoin de me justifier? Lorsque j'accours chercher les récompenses dues, j'ose dire, à mon zèle, à mes talens et à ma fidélité. Voilà des notes qu'on m'a transmises; elles me prouvent combien on est content de moi. D'où proviendrait le péril? Hâtez-vous de le faire connaître. »

— « Mon Dieu, mon cher baron, ce que je vous ai dit n'était pas précisément pour vous alarmer; vous savez avec quel acharnement on poursuit le mérite; on ne cesse sous main de cabaler contre vous; on vous dessert de toutes les manières, mais je suis là, mon vrai ami, je ne m'endors point, je devine les intrigues, je les déjoue. Une préfecture est un poste très-glissant; tout le monde en veut, et l'on ne peut en donner à tout le monde à la fois; il faut que chacun y passe à son tour, et alors on est âpre à saisir l'occasion d'en faire choir celui qui ne s'y tient que par son propre poids. Tenez, hier encore, SON EXCELLENCE, qui est, vous le savez, la justice même, vient de destituer M. ......, un de vos collègues. »

— « Lui, destitué! le meilleur travailleur, le plus chaud partisan du roi, le plus dévoué à toutes les fantaisies ministérielles, chéri de ses administrés, excellent homme dans la force du terme; il avait de la fortune, de la considération, il venait d'obtenir la croix d'officier de la légion d'honneur. »

— « Tout cela ne l'a pas empêché de tomber comme une vieille savate, pardonnez-moi l'expression. Nous étions journellement pressés par une certaine dame, qui a peur que le pouvoir ne lui échappe; elle voulait faire un préfet, il ne se présentait pas de vacances; votre collègue n'avait pas chez nous de hauts protecteurs, dame! alors son affaire a été bientôt faite. Avis à vous. Ne vous fiez à rien; tenez-vous toujours prêt à plier bagage, c'est le moyen de pouvoir monter promptement en voiture, lorsque vous aurez lu le *Moniteur* qui vous renverra. »

— « Vous êtes consolant. »

— « Je suis sincère; du reste, ne vous troublez pas trop en ce moment : si vos ennemis sont actifs, vos services récens les combattent avec avantage; ne comptez pas, néanmoins, infiniment sur eux; faites-vous ici des partisans qui puissent vous soutenir; être connu d'un prince, c'est quelque chose, d'un ministre, c'est beaucoup, mais des commis, c'est cent fois davantage. »

— « Je vous remercie de vos excellens

conseils, ils me rappellent que j'ai pris la liberté d'envoyer à votre aimable femme une légère marque de mon respectueux attachement. »

— « Ah! oui, un cachemire, très-joli vraiment; elle vous en remercie; elle le porte chaque jour; mais voilà l'hiver qui arrive, et elle veut une mante, garnie de renard bleu; on dit que ce n'est pas trop cher. »

— « Encore un renard bleu! » mâchonait Girmel en lui-même, cet impudent coquin est insatiable! et madame de Girmel qui désire un chinchilla. » Le Préfet, néanmoins, ne donna rien à connaître de ce qu'il pensait présentement, il détourna la conversation sur ce qu'il avait à faire. « Je vous engage, » répliqua son conseiller, « d'être modéré dans vos demandes; ne forcez pas le ministre à ne pouvoir vous refuser qu'en vous destituant; ce moyen de couper court aux grands services, commence à devenir à la mode; de plus élevés que vous l'ont eprouvé; n'exigez de lui qu'un titre, une gratification, une misère, alors on vous l'accordera sans peine, et plus tard on vous payera tout ce qu'on peut vous devoir. »

L'avis était bon, Girmel promit de le suivre; il partit, mais le renard bleu lui pesa long-temps sur le cœur.

Madame de Girmel, le lendemain dans la matinée, se présenta à son tour chez la femme d'un ministre qu'elle avait connue, lorsque celle-ci était loin de prétendre à la haute dignité à laquelle son époux était monté. Simple avocat dans une petite ville de province, il eût borné toute son ambition à une modeste place de judicature; mais la fortune avait donné le branle à sa roue, et le Cujas moderne était devenu un grand seigneur. Madame de Girmel, avant cette époque, se rappelait parfois, avec dépit, d'avoir vu à son cercle la digne moitié de l'Excellence, un peu perdue dans la foule, tandis que maintenant il fallait avoir presque l'air de lui faire la cour.

« Du reste, se disait la baronne en cheminant dans sa voiture, je l'ai toujours fort bien traitée, elle n'a jamais eu à se plaindre de moi, et nous avons été très-bien ensemble; avec quelle joie aussi nous reverrons-nous! »

Voilà madame de Girmel dans l'antichambre de son amie, elle passe dans le salon : là, une femme de chambre vient lui dire qu'il faut patienter, « *Madame* est à sa toilette, elle va passer dans le moment. » Cette injonction contraria singulièrement celle qui l'entendit; elle ne voulut pas se rappeler qu'elle-même avait autrefois fait attendre de la même manière, et qu'encore peu de jours auparavant la bonne madame Robert avait pareillement fait sentinelle; un quart d'heure, une heure s'écoulèrent, *Madame* ne venait pas; *Madame* parut enfin; la baronne s'élance, vole à elle pour la serrer dans ses bras; déjà elle a prononcé les mots de ma chère! mon excellente amie! mais une mine glacée, une immobilité presque complète annoncent déjà que l'amie ne se rappelle pas des temps écoulés, ou pour mieux dire, qu'ayant changé de rôle, la femme du ministre rend à la femme du préfet, impertinences pour impertinences.

Un froid « bonjour, madame la baronne de Girmel, comment se portent votre mari et vos trois garçons? » fut la réplique à la vive attaque.

« Mes trois garçons! madame, » répondit madame de Girmel, déjà suffoquée; « je n'avais, comme vous, que deux fils et une fille, ma famille n'a pas augmenté depuis. »

— « Ah! très-bien, j'en suis ravie; et

vous venez à Paris solliciter quelque place pour M. de Girmel. »

— « Mon mari, madame, qui est préfet à......, n'est ici que pour faire connaître à leurs Excellences, l'état moral de son département; je l'ai accompagné parce que j'avais des emplètes de diamans à faire, ainsi que d'autres colifichets, et j'aurais crû manquer à notre ancienne amitié, si je fusse reparti sans avoir eu la satisfaction de vous voir. »

— « Bien sensible, madame, à votre empressement, votre visite m'est très-agréable; excusez-moi si je ne vous la rends pas, mais une foule d'occupations plus importantes les unes que les autres me retiendront pour long-temps dans mon hôtel. Si vous, qui devez être plus libre de vos heures, voulez vous montrer à mes cercles, je serai enchantée de vous y voir. »

Qu'elle était énorme la chute faite en

ce moment par la vanité de la baronne! comme alors elle regrettait ses courtisans du chef-lieu! avec quel plaisir elle eût dit quelque bonne malice à la dame importante! mais il ne fallait seulement pas y songer. Une abnégation profonde, une complète humilité étaient les bases de son nouveau rôle; et comme elle se promit de s'en dédommager plus tard après la chute de l'Excellence qui devait, selon toutes les probabilités, avoir lieu vers le mois de décembre, qui est, comme chacun sait en France, l'année climatérique de messieurs les ministres.

La conversation cependant allait mourir d'inanition, et certes, entre des personnes du beau sexe, la chose est assez rare, lorsqu'un huissier ouvrant précipitamment la porte de la salle, annonça madame la duchesse de..... A ce nom important dans les fastes de la monarchie et de la faveur, la femme du ministre se leva avec promptitude, et courut recevoir la nouvelle venue, oubliant que la baronne de Girmel était là.

« Eh, mon Dieu, madame la duchesse! quel honneur daignez-vous me faire, j'allais sortir pour me présenter à votre porte. J'y fus hier, j'y reviendrai demain; que je suis aise, ravie..... » Et à la suite de ce préambule, la femme de l'avocat et non plus celle de l'Excellence, répète absolument devant la duchesse le rôle que madame *la préfète* venait de jouer devant elle : un accueil tout pareil lui est fait. La dame de cour, très-convaincue de sa supériorité sur une petite bourgeoise parvenue, la traite lestement, lui demande dix nominations, dont aucune n'est refusée, entremêlant néanmoins à son ton de dignité, une foule d'adroites cajoleries, aimables accessoires, servant d'enveloppe au principal.

Qui jouissait alors? c'était la baronne

assurément; un malin contentement s'épanouissait dans son cœur; elle pardonnait à la duchesse de ne pas l'avoir aperçue, à son ancienne amie de la négliger complétement; car la première la vengeait, et la seconde lui paraissait cruellement punie. Elle en vit assez pour se rappeler la comédie des Ricochets, et, afin que la ressemblance fût entière, elle quitta la compagnie, et fut passer le reste de sa mauvaise humeur sur une femme de chambre de louage qu'elle avait prise, et qui lisait en l'attendant dans la voiture, les Amours et les Malheurs du comte de Comminges.

Le ministre était dans son cabinet, à demi couché sur un vaste bureau, chargé des destinées d'une partie de la France; à droite et à gauche s'élevaient des tas de papiers, qui tous attendaient la signature. Les immenses travaux de l'excellence ne lui laissaient guère le temps de s'en occuper, il lui fallait songer à se maintenir dans sa place; et, si le nombre est grand des aspirans à une préfecture, on doit croire que celui des envieux d'un ministère n'est pas inférieur; et le moyen de se défendre avec succès, si l'on ne donne pas tous les soins à la résistance, l'attaque étant continuelle! Monseigneur réfléchissait gravement aux avantages de la destruction de la liberté de la presse, lorsqu'un secrétaire particulier se présenta, et d'une voix qui fut à peine entendue, osa dire qu'il y avait un préfet dans le salon précédent, et que le fonctionnaire était muni d'une lettre de rendez-vous.

« Un préfet! toujours un préfet! je ne vois pas autre chose. Que me veut-il? A-t-il peur de perdre sa place? en vérité ces gens-là avec leurs craintes sont insupportables : la belle chose à regretter qu'une préfecture! Si c'était un ministère, encore passe. Eh bien! qu'on le fasse entrer; non, qu'il attende un moment, je sonnerai lorsque je serai libre. »

L'excellence se fait les ongles, achève une brochure dont il protégeait l'auteur; car celui-ci, dans son ouvrage, le comparait à Sully; il se promène ensuite dans le cabinet, et enfin donne le coup de sonnette.

— « Le baron de Girmel, Monseigneur! » dit l'huissier de la chambre.

— « Monsieur de Girmel! vous voilà, à ce qu'il me paraît, en bonne santé. Eh bien! comment se porte-t-on à Quimper? »

— « Je ne suis point le préfet du Finistère. »

— « Ah! oui, vous avez raison, vous êtes à Draguignan. »

— « Non, Monseigneur, je dois à vos bontés la préfecture de.... »

— « C'est elle que je voulais dire. Désirez-vous la quitter ? »

— « A peine j'y arrive, et, à moins qu'une plus importante ne vous parût digne de mes services.... »

— « Nous y songerons, pour le moment c'est impossible. Que venez-vous donc faire à Paris, puisque vous ne sollicitez pas votre changement ? »

— « Je viens, Monseigneur, d'après vos ordres, vous rendre compte de ce qui s'est passé dans mon département, lors de cette fatale conspiration.... »

— « Elle m'a donné bien du souci ; non qu'elle m'ait surpris, déjà je la connaissais, et long-temps avant vous (ceci parut un peu fort à Girmel) ; mais il est si cruel de voir la malveillance s'agiter encore : tout est fini maintenant ? »

— « Les derniers brandons de la discorde se sont éteints, je ne vous cacherai pas que sans une extrême vigilance, sans une constante activité, peut-être les verrions-nous se rallumer. »

— « Parbleu! Monsieur le Préfet, cela pourrait bien être aussi un peu de votre faute. »

— « De ma faute! Excellence, un tel reproche me confond. »

— « Oui, mon cher ami, vous ne soignez peut-être pas assez l'esprit public, vous n'êtes pas conciliant; que sais-je? moi. Le roi veut régner par la douceur, il veut conquérir l'affection de ses sujets : entrez bien dans ses vues, rassemblez chez vous les diverses opinions, faites-les jouer danser, souper ensemble, surtout n'épargnez pas les promesses aux gens qu'il faut gagner; soyez affable, prévenant même, ouvrez toujours votre porte à quiconque veut vous parler; un fonctionnaire pour bien faire aimer le gouvernement ne doit jamais être invisible, il convient qu'il écoute les réclamans, s'il ne peut les obliger; et enfin prenez pour règle ces vers d'Orosmane:

Je hais ces maximes terribles
Qui font de tant de rois des tyrans invisibles.

» Je mets, comme vous le comprenez, rois pour préfets; voilà la bonne règle, la seule à suivre, et dont jamais il ne faut s'écarter. »

Le ministre eût pu parler plus long-temps sans que Girmel eût songé à lui ravir la parole, émerveillé qu'il était d'ouïr un pareil langage sortir de la bouche d'une Excellence, lorsque surtout il examinait par un coup d'œil rapide les mille barrières qui séparaient le *sanctus sanctorum* du ministère, des pauvres solliciteurs repoussés dans la rue. « Allons, se disait-il en lui-même, celui-là aussi verra une paille dans mon œil, et n'aperçoit pas la poutre qui lui crève le sien. » Terminant néanmoins ce colloque intérieur, il chercha à se justifier d'une pareille accusation, il certifia qu'à toute heure ses administrés parvenaient jusques à lui; mais que comme les sous-préfets du département pourraient ne pas agir de même, il les tancerait vertement de leur peu de popularité.

La conversation ensuite fut tournée sur de plus graves objets; nous n'en dirons rien, parce que ce sont les secrets de l'état; et, comme nous n'avons pas la moindre raison de nous en mêler, il convient de garder sur ce point un profond silence. Le ministre, homme de bien par le fait, entra dans de grands et minutieux détails; tout à la fois ses intentions étaient bonnes, mais ses oreilles étaient trop accessibles, c'était là le mal; et d'ailleurs il se croyait nécessaire à la France, et par suite il songeait beaucoup à lui, bien convaincu par-là de travailler pour le roi et pour la patrie; il n'y a pas un de ces messieurs là qui ne se croie un Richelieu, tant est grande leur modestie.

L'audience ne pouvait cependant durer toujours; le ministre continuant de converser, poussa doucement Monsieur le Préfet vers la porte, et lorsque celui-ci ne s'y attendait pas, crac! voilà un battant perfide qui s'ouvre, et une inclination assez gracieuse de l'excellence annonce qu'il faut partir. Girmel se retira très à contre-cœur; il n'avait pas eu le temps de parler de lui-même; il espéra s'en dédommager chez le second ministre auquel il fut rendre ses devoirs. Là, il fut tout aussi heureux; ses efforts étaient inutiles. On lui disait tout ce qu'on avait à lui dire, et jamais on ne lui donnait le temps de parler. Grande certes était sa colère; néanmoins à force de s'intriguer, de faire jouer toutes sortes de ressorts, de frapper à toutes les portes, il obtint en partie ce qu'il désirait, ce fut beaucoup sans doute, et ses amis le complimentèrent sur ce qu'ils appelaient ses succès.

Madame de Girmel, peu satisfaite de la réception que lui avait faite son ancienne amie, n'osa pas s'exposer à se présenter chez les deux autres femmes de ministre qu'elle connaissait, elle n'y parut que par l'intermédiaire de sa carte, et, comme elle ne demanda pas d'audience, elle ne fut honorée d'aucun entretien particulier; cependant elle se promit bien, lorsqu'elle serait de retour au chef-lieu, de ne cesser de parler de la douce familiarité dans laquelle elle avait vécu avec ces très-hautes et puissantes dames; elle raconterait même tout ce qui s'était dit de piquant et de curieux dans les déjeûners d'une intimité complète. Ainsi dans les provinces la vanité des fonctionnaires et de leurs entours se refait des affronts, des dégoûts, des avanies qu'elle a eu à supporter dans les salons de Paris.

Le voyage de Monsieur le Préfet ne fut pas de longue durée ; les ministres le renvoyèrent en toute hâte dans son département ; pressés qu'ils étaient de dissoudre la chambre des députés, et par suite, de courir les chances d'une nouvelle bataille des élections. Si donc un officier doit être à son poste un jour de combat, un préfet ne peut être absent de son chef-lieu aux approches des réunions électorales ; c'est là où il doit montrer non-seulement son adresse, mais encore son courage, car il en faut pour venir mentir à sa conscience et tenir un langage tout différent peut-être de celui qu'on a tenu l'an dernier.

Girmel s'en revint presque assuré d'obtenir, outre ce que déjà on lui avait accordé, de plus hautes faveurs ministérielles. On lui avait désigné les candidats qu'il devait soutenir ; aucun n'était choisi parmi les députés, qui, à cette heure, représentaient encore son département. Il fallait néanmoins employer le concours des mêmes électeurs qui les avaient nommés; mais le pouvoir a de grandes ressources, ne nous étonnons pas de ses succès; il connaît le cœur de l'homme, et les places et l'argent ne lui manquent point.

CHAPITRE XXXIX.

LA TOURNÉE PRÉFECTORALE.

L'arbre tient bon, le roseau plie.

LA FONTAINE, *Fables*.

ENFLÉ de la flatteuse réception qu'on lui avait faite à Paris, Monsieur le Préfet, à son retour, se montra différent dans ses manières, de ce qu'il avait paru jusqu'alors, quand il était venu prendre les rênes de l'administration. Il possédait sa part de cette dangereuse ivresse, que ne manquent pas d'acquérir ceux qui approchent du pouvoir. Il ne lui était plus possible de croire à sa chute; il ne voyait dans l'avenir que des triomphes nouveaux. Le public du chef-lieu, ou, pour mieux dire, la bonne compagnie, instruite, soit par le Moniteur, soit par les correspondances secrètes, combien avait été avantageux à Monsieur le Préfet le séjour de la capitale, décida d'aller en corps, le jour même de son arrivée, lui adresser les félicitations qui sont rigoureusement dues à un personnage en faveur. Ce moment venu, tous les gens titrés, la haute notabilité enfin de *l'endroit*, se transporte à la préfecture, et l'un d'eux, le comte de Mertange, chargé de porter la parole, au nom de l'illustre cohorte, demanda au valet de chambre, faisant les fonctions d'huissier, si l'on pouvait avoir l'honneur de saluer Monsieur le Préfet?

Le domestique disparut un instant dans l'intérieur de l'appartement, puis revint dire à *ces messieurs*, que Monsieur le Préfet, essentiellement occupé d'un travail pressé pour son excellence le ministre de l'intérieur, ne pouvait les recevoir en ce moment, mais qu'il ne tarderait pas d'être visible.

Après cette réponse, il fallut prendre patience, et *ces messieurs* debout dans la salle d'attente, où il n'y avait pour tout siége que des bancs mal garnis d'un méchant velours d'Utrecht vert, se livrèrent à une conversation à chaque instant interrompue par l'espérance de voir ouvrir la porte qui les séparaient du fonctionnaire. Vingt minutes, trente, quarante s'écoulent; on commence à trouver le temps long. M. de Mertange, ayant pris l'avis de ceux qui avaient autrefois joui des honneurs de la cour, et qui faisaient dans l'assemblée les fonctions du sénat romain, engagea l'huissier à revenir auprès du magistrat, lui rappeler que l'honorable compagnie était empressée de le complimenter. Le domestique part; il revient encore. Oh! pour le coup, on va entrer. Vain espoir! Monsieur le Préfet n'est pas encore libre, il le sera dans peu.

Nouvelle attente, elle se prolonge; elle se prolonge à tel point, que l'orgueil, d'abord comprimé, éclate avec force en reprenant son langage; des groupes se forment dans la salle; des motions hardies y sont proposées, elles échauffent les esprits. M. de Mertange, enfin, par l'ordre exprès de sa classe, revenant au valet, lui dit avec moins d'aménité que les précédentes fois :

« Mon ami, allez dire à votre maître que les personnages, faits pour être reçus dans le salon, figurent mal dans une antichambre, où ils ont eu la faiblesse de demeurer trop long-temps. » (*Historique.*)

Ces mots étant prononcés d'une voix grave et sévère, *ces messieurs* se retirent en courroux. Ils vont chacun dans leur maison faire part à leur fière moitié, de l'affront qu'ils ont reçu, et combien ils sont disposés à tirer une éclatante vengeance de cet oubli de toutes les convenances.

Le même jour, et pour le pareil motif, la magistrature crut devoir se rendre *in fiocchi* chez Monsieur le Préfet ; elle ne put parvenir, comme la noblesse, au-delà de l'antichambre fatale où était venue échouer la dignité du *second ordre du royaume*. On lui dit pareillement, que Monsieur le Préfet ne pouvant se déranger, ne serait visible qu'à trois heures après midi. Les juges, dociles à l'avis, reviennent exactement à l'instant précité ; ils réclament le prix de leur ponctuelle obéissance, lorsqu'on leur signifie que madame de Girmel étant indisposée, son époux ne peut l'abandonner pour les recevoir. (*Historique.*)

Nous laissons au lecteur le soin d'apprécier combien ces deux preuves d'arrogance irritèrent contre l'administrateur toutes les toges et les épées du chef-lieu. Une délibération unanime fut prise de part et d'autre, de ne plus reparaître chez lui. Mais cet accord ne tarda pas à être rompu ; l'intérêt particulier l'emportant sur la vanité commune, chaque personnage, même les plus huppés dirent tour à tour : on peut avoir besoin de Monsieur le Préfet, il est utile de le ménager ; et l'on reparut individuellement plus tôt ou plus tard, dans un salon si solennellement interdit à la masse. La haute notabilité conserva plus long-temps sa colère ; mais le moment des élections approchait ; force fut alors à elle de se réunir à l'administrateur, qui devait la diriger dans les intérêts du privilége.

Monsieur de Girmel, comme nous l'avons dit ailleurs, avait apporté de Paris les noms des protégés du ministère, qui devaient représenter la nation. Il se flattait de rassembler sur eux l'assentiment général; son désappointement ne fut donc pas médiocre lorsque Lubert, à leur première entrevue, lui annonça avec une noble franchise, que, porté par le vœu des électeurs constitutionnels, il se mettait sur les rangs pour la candidature. Cette déclaration causa une peine mortelle à l'administrateur, il n'avait pas renoncé au mariage de son fils avec Aline; il ignorait les nouveaux engagemens que le négociant avait pris, et pensait que celui-ci serait plus que jamais ébloui des avantages que procurerait au jeune Adolphe la faveur dont lui Girmel jouissait.

— « Ah mon ami! dit-il à M. Lubert; quelle fantaisie dangereuse vous a-t-on mise en tête? Quoi! pour le stérile honneur d'aller figurer dans la chambre des députés, abandonneriez-vous la surveillance bien autrement importante de vos établissemens ? Croyez-moi, tenez-vous tranquille ; ne briguez rien et vous aurez tout. Je sais à votre égard toute la pensée du gouvernement ; il vous destine bien au delà de ce que vous pouvez prétendre. Il sait combien votre industrie mérite d'être récompensée. Mais pour Dieu ! n'allez pas agir contre vous-même ; donnez dans cette circonstance une marque de dévouement par votre refus de servir les désirs d'un parti opposé au ministère ; vous n'aurez pas lieu de vous en repentir. »

Ce propos, ces promesses et nombre d'autres séductions, ne firent que glisser sur l'âme de Lubert ; il resta très-convaincu qu'il saurait, dans la chambre des députés, défendre les droits de la majorité des Français. Il ne voulut pas céder, à des hommes qui ne lui offraient pas les mêmes garanties, les prétentions qu'il pouvait avoir; il tint ferme contre toutes les attaques du magistrat, et par-là mit au désespoir celui-ci, qui enfin lui observa, en hésitant beaucoup, que, devant obéir aux ordres du pouvoir, il serait contraint, bien à regret sans doute, d'agir contre lui.

— « Vous le pouvez, sans m'inquiéter, reprit le négociant; il ne vous sera point possible d'attaquer ni mon caractère ni la solidité de ma maison de commerce. Je me dois à mes concitoyens, et je ne connais pas de considération qui puisse me faire dévier de mes principes. »

Monsieur le Préfet, le trouvant inébranlable, termina la conversation plus cavalièrement qu'il l'avait commencée. Il comprenait que dès le moment un mur de séparation s'élevait à jamais entre eux. Comment en effet verrait-on à Paris une alliance conclue entre un préfet du jour et un député de la gauche ? Ici l'intérêt du fils aîné dut céder à celui du reste de la famille, monsieur de Girmel étant trop bon père pour sacrifier les autres enfans à son premier-né, les projets de rétablir les droits d'aînesse n'ayant pas encore été mis à l'ordre des actions des fonctionnaires publics. Lubert, satisfait d'une rupture qui le libérait de tout engagement, se retira bien décidé à ne plus reparaître à la préfecture, dont les maîtres d'ailleurs l'eussent dorénavant évité à l'égal d'une brebis galeuse ; car il ne voulait pas être de l'avis du plus fort.

Chaque jour, depuis ce moment, augmentait la sollicitude administrative de Monsieur le Préfet. Le parti constitutionnel présentait des candidats qui avaient le malheur d'unir à une grande fortune toutes les qualités exigées de ceux qui veulent mériter l'estime des hommes. L'extrême droite, furieuse de ne pas avoir obtenu, dès le premier moment, tout ce qu'elle voulait, cherchait aussi de son côté, à contrarier la volonté ministérielle, décidée cependant qu'elle était à s'accommoder avec les Excellences, dès le moment qu'on lui céderait le plus pressé. Le reste des électeurs indifférent au succès de la bataille, avait grand besoin d'être stimulé pour se mêler du combat. Monsieur le le Préfet pour vaincre les uns, pour échauffer la nonchalance des autres, résolut dans son zèle sans égal de parcourir les quatre arrondissemens de sa préfecture. Il se fit accompagner dans cette tournée par quelques administrateurs influens sur leur sûbordonnés, ainsi que d'un portefeuille rempli de promesses. Là, se trouvaient renfermés tous les projets, toutes les améliorations dont le département avait besoin, ou dont il réclamait l'exécution. Girmel devait partout le montrer, comme l'appui de ce qu'on pouvait gagner, et la certitude de ce qu'on pourrait perdre.

Dans telle commune Monsieur le Préfet annonçait qu'immédiatement après des élections royalistes, on travaillerait à construire un pont indispensable à la circulation des habitans; dans telle autre, on ouvrirait une route qui devait la traverser. Ici, les fonds étaient faits pour l'édification d'un presbytère; là, on augmenterait les lits de la maison de charité. On offrait à tel électeur qui aimait la chasse à l'égal de Nembrod, une lieutenance de louveterie; en un mot, rien n'était épargné pour attirer les votes par l'attraction de la vanité ou de l'intérêt. Plus d'un fonctionnaire dont l'opinion était soupçonnée d'avoir une tendance vers le sens littéral de la charte, reçut le compliment gracieux que sa destitution serait la conséquence de son vote à billet fermé; car libre comme citoyen, il ne l'était pas en sa qualité de subordonné du ministère. Le plus grand nombre des salariés cédait au joug dont on l'accablait. Quelques-uns, plus fermes ou plus riches, défendaient leur indépendance; le nom de ces derniers était, par Monsieur le Préfet, inscrit sur ses tablettes en caractères rouges, signe expressif de réprobation mis en usage depuis les assassins de 1793 jusqu'aux honnêtes gens de nos jours.

Ce pays, parcouru, exploité, rendu ministériel en apparence, si ce n'était en réalité, Monsieur le Préfet, escorté de la gendarmerie, cortége obligé des grands de ce monde comme du dernier des malfaiteurs, passa dans le second arrondissement. On l'y attendait avec impatience, pour lui prodiguer en face les témoignages d'un vrai dévouement, et pour rire de ses ridicules, dès qu'il aurait tourné le dos. L'administrateur aimait dans son âme cette foule curieuse, ce concours de badauds qui se pressait sur son passage. Chaque fois qu'il approchait d'une commune un peu populeuse, où il pouvait espérer les honneurs d'une grande réception, il faisait descendre ses complaisans de la voiture, pour faire sa toilette de cérémonie ; il revêtait son grand costume, jusque-là plié, par économie, et puis se montrait à ses administrés éblouis dans tout l'éclat de la splendeur préfectorale.

Il arriva au chef-lieu de la sous-préfecture ; l'accueil qu'on lui fit fut satisfaisant pour sa gloriole. Le Sous-Préfet avait également de singulières habitudes ; chroniqueur exact et minutieux des faits et gestes de ses trois cents collègues, il les connaissait tous par leur nom ; il savait les anecdotes scandaleuses, plaisantes ou odieuses qui circulaient sur leur compte ; il négligeait de parler de leurs bonnes qualités ; mais, en revanche, il ne faisait pas grâce à un seul de leurs ridicules.

Atteint lui-même d'une fâcheuse maladie, il était contraint, pour suppléer à la partie de l'habillement que Sterne ne désigne que par une périphrase, de porter un vaste jupon de satin noir, soutenu en cercle par de légers fils de fer, ce qui lui donnait l'apparence d'un majestueux panier d'autrefois. Il ne se vêtit pas de cette manière pour recevoir son supérieur, mais il régala celui-ci d'une foule d'historiettes qui furent écoutées avec plaisir, car Monsieur le Préfet ne haïssait pas ces commérages; il les recherchait, et l'on a été jusqu'à prétendre qu'il ne reculait pas à la pensée d'en inventer parfois.

Le Sous-Préfet l'assura du reste de la docilité des électeurs des divers cantons. On connaissait bien dans leur nombre quelques libéraux; mais on savait les moyens de les intimider ou de les réduire, ou, ce qui était mieux, de se passer de leurs voix. Néanmoins, au milieu de la foule obéissante, il y avait un *maire paysan*, c'est ainsi que dans les départemens on désigne les cultivateurs aisés qui ne sont ni nobles à châteaux, ni bourgeois de quelque ville voisine; *cet homme*, disait-on, qui n'aurait dû se mêler que de ses travaux agricoles, s'avisait de raisonner : il était urgent de le gagner; car, à moins de réunir sa commune à une autre, on ne pouvait, à part lui, trouver un individu qui pût porter l'écharpe municipale.

— « Quoi! » dit Monsieur le Préfet avec cette suffisance provoquée par l'habitude de voir tout plier devant lui, « un simple campagnard veut en savoir plus que nous autres? Faites venir devant moi ce seigneur du nouveau régime; je me charge, en peu de mots, de le contraindre à faire tout ce que nous voulons, et à voter selon nos désirs et le bon sens. »

Le Sous-Préfet répliqua alors qu'il l'avait engagé à venir à la sous-préfecture, pour être admis avec ses collègues à présenter leurs hommages à Monsieur le Préfet, et que dans ce moment il était dans la salle voisine. L'ordre de l'introduire fut donné sur-le-champ, et le maire parut. C'était un beau vieillard âgé de soixante-cinq ans : sa physionomie douce et agréable ne manquait pas de vivacité; il y avait dans son sourire quelque chose de malin, qui pouvait donner à penser à ceux qui eussent voulu l'étudier; sa taille était légèrement voûtée, il la redressait lorsqu'il était en repos; ses vêtemens simples et propres n'avaient rien de particulier : tout montrait en lui l'homme au-dessus du besoin, et pouvant avoir la prétention de croire qu'il devait compter pour quelque valeur parmi tant de gens empressés à s'avilir.

CHAPITRE XL.

LE PRÉFET ET LE MAIRE.

Quiconque veut penser n'est pas né pour me croire.

VOLTAIRE, *Mahomet*, act. III, sc. VI.

« EH bien, mon cher monsieur le maire, » dit le Préfet, cherchant à tempérer l'éclat de sa dignité par une affabilité très-engageante, « nous voici réunis pour travailler à la conservation de la bonne cause. Je suis venu pour procurer des voix aux candidats du gouvernement, et votre amour pour le roi me répond que je puis compter sur votre suffrage. »

— « Certes, Monsieur le Préfet, s'il s'agit d'aimer le roi, je le disputerai à tout autre. Mais, voyez-vous, nous pouvons l'aimer à notre manière. »

— « Qu'entendez-vous par-là, mon ami? est-ce qu'il serait possible que vos sentimens ne fussent pas en tout ceux de votre Préfet? »

— « Dam, nous n'avons pas été jetés tous deux dans le même moule, et nous pouvons par suite tout voir différemment. »

— « Ainsi, vous ne voteriez pas pour les candidats royalistes? »

— « Je ne dis pas cela, certainement; mais avant tout faut-il connaître ceux qu'on veut que je porte. »

— « On vous les fera connaître, monsieur, quoique par le fait, en qualité de fonctionnaire public, vous dussiez voter aveuglément. »

— « Oh! pour cela non, Monsieur le Préfet; j'avons de trop bons yeux pour nous soucier de nous servir de ceux des autres. Mais nommez toujours; notre département a six députés à nommer; qui proposerez-vous?

— « Les marquis d'Ar... et d'Er..., les comtes d'Or... et d'Ur..., le vicomte d'Ir..., le chevalier de Mon... »

— « Diantre! que voilà de beaux noms! il n'y en a pas un de ma connaissance particulière. Est-ce la noblesse que ces messieurs-là représenteront? »

— « La noblesse, non; mais bien tout le peuple. »

— « Et pourquoi donc le peuple ne choisirait-il pas des députés parmi lui? J'aimerions assez à être représentés par nous-mêmes. Tenez, Monsieur le Préfet, faut-il vous le dire, il me semble que dans un département où il y a tant de commerce, il ne serait pas mal de choisir quelques négocians. »

— « On n'a pas voulu les détourner de leurs travaux utiles. »

— « Ils doivent vous être bien obligés de cette attention! Mais à leur place, il y a de bons bourgeois à désigner. »

— « Savez-vous, monsieur le maire, que vous discutez avec acharnement, lorsqu'il serait convenable de donner l'exemple de la soumission? »

— « Et à qui le donner cet exemple, s'il vous plaît? Notre bon roi s'est réservé le droit de créer les seigneurs-pairs; il a gardé en outre celui de nommer à toutes les charges et places. Il ne nous a laissé que celui d'élire nos députés; que nul ne vienne donc nous tourmenter dans ce qui nous a été si solennellement concédé. Nous avons, nous autres pauvre peuple, des intérêts à défendre; et faut-il confier le soin de les soutenir, ou de les garder, à ceux dont l'avantage serait de les détruire? »

— « Allons, allons, mon cher, vous craignez peut-être le retour des droits féodaux? »

— « Faut bien avoir peur de ce dont on nous menace! Il est possible qu'à Paris on tienne un autre langage; mais dans nos endroits on nous déclare chaque jour que ceci ne durera pas, qu'on nous remettra comme nous étions il y a quelques années. Ce sont les intéressés qui nous parlent ainsi, qui nous désignent le moment de leur victoire : ce qu'à Dieu ne plaise! car là-haut on sait ce qui alors arriverait. »

— « Ainsi, mes candidats ne vous plaisent point? »

— « Vraiment, non. »

— « Eh! quels sont les vôtres? »

— « Celui de l'arrondissement est

M. A..., qui n'a jamais crié pour personne; mais qui, maire depuis trente ans, n'a fait jamais crier personne après lui; dont tous les fils prirent du service quand on menaçait la patrie; qui, pour augmenter le nombre de ses enfans, nourrit ceux de tous les pauvres de sa commune; qui enfin accommode les procès, quoiqu'il soit avocat. Celui-là, j'aime à croire, vous ne direz pas que ce soit un malhonnête homme? »

— « Ce serait le calomnier; je lui confierais ma bourse à garder; mais je ne lui donnerais pas mon vote. (*Historique.*) Mes principes ne sont pas les siens. »

— « Quant aux deux députés de département, je prendrai le comte de Bel..., gentilhomme de la vieille roche s'il en fut jamais, qui ne nous a point quittés non plus que notre bon et saint roi Louis XVI; qui, dès avant la révolution, ne voulait pas *gratis* du fruit de nos labeurs, et qui n'est jamais venu à la préfecture (pardon, Monsieur le Préfet!) pour s'informer de quel côté soufflait le vent. Le dernier candidat sera pour moi le brave négociant Lubert, celui-là qu fait vivre je ne sais combien de familles, et dont la signature inspire plus de confiance que celle des ministres, car on la connaît depuis plus long-temps : les trois autres députés ne me regardent pas; mais si on me demandait où les prendre : Choisissez-les, dirais-je, parmi nos égaux, parmi nos braves militaires, et préférez dans ces derniers ceux qui ont combattu pour la France à ceux qui cabalèrent contre elle. »

— « Savez-vous, mon cher ami, que vos sentimens m'effraient? vous pensez comme un ennemi du roi. »

— « Monsieur le Préfet! c'est au seul fonctionnaire, je présume, que vous adressez cette insulte: voilà mon écharpe, je vous la rends; bien assuré que désormais vous n'aurez rien à dire de désagréable au simple citoyen. »

Cette réponse, ferme et sans réplique, interloqua Monsieur le Préfet, qui demeura extrêmement embarrassé de son maintien devant les témoins de cette conversation. Cependant l'ex-maire restait debout, tenant toujours son écharpe, attendant une réponse que le haut administrateur ne se pressait pas de donner, tant il craignait de voir retomber sur lui le ridicule et l'odieux de cette scène. Le fier cultivateur ne s'éloignait pas; il fallait prendre un parti, car il ne cessait de présenter sa marque distinctive.

« Monsieur, » dit enfin Girmel, trouvant que l'expression familière, *mon ami*, n'était plus à sa place, « vous avez pris bien vivement une parole, que mon zèle pour le service du roi a pu m'arracher; mais en renonçant à vos fonctions, vous

vous êtes rendu justice. Nul ne peut faire partie de l'administration, s'il ne se dévoue absolument à toutes les volontés des ministres de notre monarque; leur pensée doit être une avec celle de leurs subordonnés. »

— « Je n'ai jamais cru l'être, reprit le paysan; nos consuls, avant la révolution, étaient institués pour défendre les droits du peuple; nos assemblées législatives agrandirent ou respectèrent leurs attributions; l'empereur, dans son despotisme, nous les enleva en partie. Je ne présume pas que notre prince légitime veuille faire moins que ses prédécesseurs. Un maire ne vous appartient pas; il n'est pas à vos gages; il sert son pays, et son pays ne le salarie pas. »

Un simple salut suivit ces paroles. L'assemblée vit avec indignation s'éloigner le jacobin qui les avait prononcées. Néanmoins, malgré les félicitations que de toutes parts on adressait à Monsieur le Préfet, sur l'énergie qu'il avait déployée en cette circonstance mémorable, le cri intérieur de sa conscience ne lui laissa point ignorer qu'un simple agriculteur l'avait terrassé dans leur discussion, tant la raison et la justice l'emportent sur des sophismes et de vaines propositions. Le magistrat, de très-mauvaise humeur, ne porta pas au bal que lui dédia madame la *Sous-Préfète*, toute la sérénité d'une âme tranquille, l'image du maire récalcitrant le suivait partout; il songeait que cette rencontre, outre la confusion dont elle l'avait couvert, était le dernier coup porté à sa liaison avec Lubert. Pour se revancher de ces contrariétés, il suspendit de leurs fonctions trois adjoints qui n'étaient pas à la hauteur; il destitua sept gardes champêtres, tous sortis de la vieille garde; et menaça du courroux de LEURS EXCELLENCES un contrôleur des domaines, qui, la veille, avait osé souper avec deux constitutionnels, ses amis de collége. (*Historique.*)

Après ces grandes expéditions, Monsieur le Préfet, poursuivant sa tournée, passa dans le troisième arrondissement. Le digne Sous-Préfet qui le reçut avait fait son cours d'administration dans la salle de bal de la duchesse de .....; il avait chanté un dùo avec *la Catalani*, ce qu'il n'osait plus dire, depuis que la bonne compagnie avait trouvé si mauvaise la conduite du roi d'Angleterre à l'égard du musicien Rossini. Le Sous-Préfet était fils de pair, beau-frère d'un député, neveu d'un directeur-général, et, au demeurant, l'un des plus forts joueurs de billard qui eût fait sa partie avec le ministre Decaze. Son premier soin, quand il se trouva seul avec Monsieur le Préfet, fut de lui montrer une superbe queue, formée de deux bois différens, garnie en ivoire et en peau, qu'il venait de recevoir de Paris. Rien n'y manquait pour en faire le plus superbe instrument de ce genre qui eût paru jamais dans les mains d'un administrateur. Le nôtre entretint son supérieur de plusieurs parties de chasse qu'il avait faites avec les plus qualifiés de l'arrondissement; mais lorsqu'il fallut s'occuper de l'affaire des élections, il appela son secrétaire qui s'en était mêlé, tandis qu'il fut inspecter la décoration de la salle à manger, assurant Monsieur le Préfet qu'il ne se reposait sur personne du soin de dresser les assiettes montées de dessert. Ses bureaux étaient, du reste, tous remplis de gens bien pensans; il lisait le *Journal des modes*, et il était abonné à *la Quotidienne*. Heureuse néanmoins, la sous-préfecture confiée à un pareil fonctionnaire! car il ne s'en mêlait pas; le billard, la chasse, la musique, sa correspondance avec son tailleur, son bottier, son chapelier parisiens, ne lui laissaient pas un instant dont il pût disposer. La croix de la légion-d'honneur parait pourtant sa boutonnière, et l'on se demandait dans quelle débâcle il l'avait ramassée.

Cependant les hauts personnages du lieu ne purent jamais louer assez leur aimable Sous-Préfet. C'est un homme, disait-on, de très-bonne compagnie, fidèle serviteur du roi, des jésuites, et qui ne peut souffrir l'enseignement mutuel. Ce triple éloge disait tout si bien, que Monsieur le Préfet se vit obligé de déclarer le magistrat mélomane pour le plus habile de ses coopérateurs. Malheureusement le gros des gens du pays ne mêlait pas ses acclamations à celles qui vantaient le Sous-Préfet. On lui reprochait de se mêler beaucoup de ses plaisirs, et fort peu de l'administration; mais les protecteurs de l'aimable jeune homme firent observer à son supérieur, que c'étaient des votans de l'opposition qui élevaient ces plaintes, et qu'il fallait bien se garder d'y faire la moindre attention.

Toujours occupé du combat électoral, Monsieur le Préfet travaillait de son mieux pour remporter une complète victoire. De çà, de là, il recrutait quelques voix; un curé lui procurait, tantôt celle d'un de ses pénitens, tantôt celle d'un acquéreur de bien national, qui craignait, malgré toutes les lois, une restitution forcée; une autre était achetée par une place de percepteur, enlevée à un misérable qui ne payait que cent-quatre-vingt francs d'impôt; ailleurs un déjeûner demandé en passant dans une maison de bonne apparence, charmait à tel point le propriétaire, que non-seulement il accordait sa voix, mais qu'il se fût vendu lui-même si on eût voulu l'acheter. Que de croix honorifiques furent promises!

Que de bourses dans des colléges, ou pour des séminaires, échappèrent à ceux qui avaient de justes titres à les obtenir, pour payer un vote complaisant! Ici, on séduisait un sot, en lui offrant la charge d'un homme d'esprit; là, on ne redoutait pas de révéler franchement les projets cachés à la majorité de la France et au Roi; enfin on n'épargnait rien de tout ce qui pouvait violenter les opinions, ou endormir les consciences.

Au milieu de tant d'agitations, le baron de Girmel arriva dans le quatrième arrondissement. Son subdélégué, pour cette sous-préfecture, était un personnage très en crédit, car l'un de ses oncles était ministre. Il s'attendait, conséquemment, à trouver en lui un individu pire que celui qu'il venait de quitter; il savait que si les places appartiennent de droit aux parens des EXCELLENCES, il n'est pas heureusement de droit aussi qu'en donnant les fonctions, elles puissent pareillement accorder les talens nécessaires à les bien remplir. Combien donc fut grande sa surprise! lorsqu'il trouva dans ce Sous-Préfet, un homme de mérite, uniquement occupé de son travail, aimant les arts, mais en secret; ne voyant que son devoir, l'intérêt de ses administrés et la charte, qui était son idole. Tout en reconnaissant la noblesse de cette façon de penser, Monsieur le Préfet se disait tout bas : voilà un neveu qui ne remplacera jamais son oncle, à moins qu'un beau matin il ne change d'opinion comme lui. En attendant, le sous-préfet ne comptait pas seulement sur la puissance de ses proches pour faire son chemin, il avait le juste orgueil de vouloir être pour quelque chose dans son avancement; il s'occupait avec opiniâtreté de sa besogne, comme ayant une réputation à faire et des protections à mériter. Il négligeait, il est vrai, de tourmenter les électeurs; il osait penser que c'était un crime de lèze-majesté au premier chef dans un administrateur, que de toucher aux élections; aussi laissa-t-il, sur ce point tout à faire son supérieur; qui ne cessait de répéter : « Ah! si n'était telle EXCELLENCE, tu ne conserverais pas tes fonctions un instant. »

Des rapports, venus de bon lieu, apprirent à Monsieur le Préfet que deux riches électeurs habitant, dans cet arrondissement, un village assez éloigné du chef-lieu, avaient dit, qu'ils donneraient leurs voix à ceux qui viendraient la demander dans leur demeure; à condition toutefois que cette visite serait faite, non en voiture, mais à cheval.

« Parbleu! dit l'administrateur, voilà de francs originaux qui sont très-curieux à connaître; allons les voir pour la rareté du fait. »

Suivi alors de Romeval, son chambellan ordinaire, et d'un jeune fat et niais, dont il avait fait son secrétaire, à cause de sa haute taille et de la finesse de son écriture ; il se mit en route, et comme César, il vint, il vit et vainquit (*Historique*).

Après avoir parcouru ainsi tout le département, M. de Girmel revint dans sa capitale, non pour se reposer sur ses travaux, mais pour les mieux continuer. Il assembla en arrivant tous les membres de sa maison, depuis le portier jusques au premier chef de bureau : là, dans une allocution éloquente, il leur traça leurs devoirs du moment, qui devaient finir le lendemain des élections. Le cerbère eut ordre de laisser impunément forcer la consigne, par tout individu payant trois cents francs de contribution ; mais on lui recommanda en revanche, de maintenir sa vigilance à repousser tous ceux dont le taux ne s'élèverait pas à cette somme.

Les valets devaient être constamment prêts à annoncer ceux qui venaient apporter l'hommage de leur docilité, les commis enfin pouvaient tout montrer à ceux-ci, et surtout leur tout promettre. Monsieur le Préfet recommanda en outre, une politesse extrême envers tous ceux qu'on ne connaîtrait pas, afin de ne choquer personne, c'est-à-dire un électeur : dût-on même avoir de l'obligeance pour un obstiné constitutionnel ; car une voix perdue exposerait peut-être le salut de l'État.

CHAPITRE XLI.

LA BATAILLE ÉLECTORALE.

> Quelle plus grande honte y a-t-il d'être refusé d'un poste que l'on mérite, ou d'y être placé sans le mériter.
>
> LA BRUYÈRE, *Caract.*

COMME un grand général, qui, prévoyant l'importance du combat qu'il va livrer, ne cesse de veiller à tout ce qui assurera la victoire, de même Monsieur le Préfet ne négligeait pas les petits moyens, dont la réunion, coopérant à son entreprise, semblait lui en promettre le succès. Ses agens d'abord, les honnêtes gens de son parti ensuite, allaient de tous les côtés semant le mensonge, les calomnies, contre les candidats des constitutionnels. Ceux-ci, disaient-ils, avaient dressé des tables de proscriptions, sur lesquelles était porté tout homme riche, ou considéré dans le pays; car ceux qui formaient la majorité effective dans les divers colléges étaient sensés ne posséder ni fortune, ni réputation. Ils voulaient (continuait-on) ramener la France aux beaux jours de 1793, et eux-mêmes, en très-grande partie, en avaient été les premières victimes. Ils avaient fait un pacte avec l'étranger pour lui livrer la plus belle moitié du royaume; tandis que seuls par trois fois ils avaient défendu le sol sacré de la patrie, tant contre les armes de l'étranger, que contre la plume des auteurs de la note secrète. Enfin, c'étaient des brigands, des assassins, dont il fallaient se garder, quoiqu'ils fondassent des hôpitaux, et que, grâce à eux, la torture eût été abolie.

A ces allégations, dans le fond purement oratoires, on joignait de bons petits pamphlets, bien bêtes, bien niais, voulant être bien méchans. On y dénonçait, on y insinuait le besoin des chaînes, des cachots; et leurs auteurs aussi fous que féroces, en parlant contre les jacobins, disaient-ils, employaient les mêmes expressions qui firent frémir jadis les voûtes des clubs. De si belles ressources n'atteignaient pas tout-à-fait le but. En vain y joignait-on les promesses, les assurances positives, soit d'avancement, soit de rigueur; le nombre des électeurs de Monsieur le Préfet ne dépassait pas encore celui des constitutionnels. Il fallut, pour l'emporter sur ces derniers, de nouveaux efforts, des courses réitérées. On multiplia les difficultés en tous genres envers ceux qui devaient contre-carrer la volonté des EXCELLENCES. On exigea l'acte de naissance d'un vieillard domicilié depuis cinquante ans dans le département. On voulut que les électeurs dont la fortune était dispersée à deux cents lieues de distance, prouvassent que le même jour ils ne voteraient pas en deux colléges différens. Ces persécutions très en harmonie, comme on le voit, avec le texte et l'esprit de la charte, étaient mille fois renouvelées. On prévint les officiers à la demi-solde, qu'ils perdraient le prix de leur sang, s'ils se refusaient à contenter la curiosité innocente des présidens des colléges électoraux, en ne leur montrant pas les billets sur lesquels ils écriraient leur vote. On assura un canonicat à tel abbé récalcitrant, on fut même jusqu'à le mettre en expectative.

Jamais Monsieur le Préfet ne s'était montré tant affable ; il saluait le premier ceux qu'il rencontrait sur son chemin, et il sortait très-souvent, afin de rencontrer plus de monde. On ne saurait nombrer les embellissemens qu'il méditait, en faveur soit du chef-lieu, soit des autres villes du département. L'âge d'or allait renaître, grâce au ministère, si l'on envoyait des députés selon le cœur des EXCELLENCES. Mais en revanche, quel tableau funeste ne faisait-il pas d'une nomination hostile! Il présentait les écoles fermées, les édifices publics tombant en ruine, les routes rompues sans espoir de réparations, les ponts écroulés n'offrant plus au voyageur que la ressource dangereuse d'un gué incertain. Là, une ville rebelle perdrait la sous-préfecture; ici, on détruirait d'utiles ateliers par les entraves que l'on mettrait à leurs approvisionnemens; enfin, Monsieur le Préfet poussait si loin la terreur de ses confidences, qu'un riche agriculteur, tout effrayé, lui demanda si les ministres ne changeraient pas la nature du sol qu'il cultivait?

A chaque instant, on voyait arriver de nouveaux visages dans l'hôtel de la préfecture; madame de Girmel, sortant de son économie favorite, tenait table ouverte le matin et le soir. Tel dînait avec elle, que le lendemain elle eût à peine fait inviter par son valet de chambre; des courriers officiels ou complaisans, partant dans tous les sens, se croisaient sur toutes les routes. Des émissaires allaient, venaient, s'interrogeaient, et sur nouveaux frais se remettaient à voyager.

« Ah! s'écriait parfois Monsieur le Préfet, je mourrai à la peine, si l'on ne me donne un repos de sept ans. »

Le jour terrible arriva enfin; le digne administrateur craignant beaucoup que la tranquillité publique ne fût troublée, fit placer, par les soins de Romeval, sur tous les chemins qui aboutissaient aux lieux où étaient convoqués les colléges electoraux; des gendarmes, qui, en vertu de certains ordres, arrêtèrent tous les individus porteurs d'une mine électorale, et qui n'étaient pas munis de passe-ports pour circuler dans l'intérieur du département. On ne peut tout prévoir dans le meilleur des mondes possibles, et Dieu seul peut savoir où doit s'arrêter la sollicitude préfectorale, pour le maintien et l'exécution des lois.

Cette manœuvre, inspirée par le ci-devant secrétaire général Habacuc, et qui, pour lui, ne resta pas sans récompense, eut tout le succès qu'on pouvait espérer. Un bon tiers des électeurs constitutionnels, qui, par le plus singulier hasard, furent les seuls dont la marche se trouva interceptée, n'ayant point paru à l'assemblée, laissa à la volonté nationale toute la liberté d'éclater. Les amis des priviléges reçurent le mandat d'aller voter contre tout ce qui pourrait les rappeler, ce qu'ils firent, ainsi que toujours ils l'ont fait.

Le bon Lubert était, la veille de l'élection, très-certain d'être nommé; il dut perdre son espérance, par le résultat inattendu du scrutin; il en fut quelque peu contrarié, mais il eut, pour se consoler, la douce pensée que, sans de coupables menées, il eût défendu les droits de ses concitoyens, et que le plus bel éloge qu'il pût recevoir de sa conduite, était l'exclusion dont on l'avait frappé; elle prouvait clairement qu'on n'avait pu ni l'acheter, ni le séduire.

C'était assurément une très-noble et pure consolation; mais, en attendant, les désirs des ennemis de la liberté de nos élections étaient remplis; ils avaient remporté, par d'odieux moyens, une victoire que plus tard un de nos ministres n'a pas craint de flétrir publiquement à la tribune en rejetant sur les subalternes, sur Messieurs les Préfets, par exemple, tout ce qu'elle avait d'odieux. Grâce au nouvel ordre des choses, nous ne les verrons plus renaître ces mesures ténébreuses, si fatales à une nation, qu'elles démoralisent, en plaçant les plus vils sentimens au lieu où devrait éclater une généreuse indépendance.

CHAPITRE XLII.

LES TRIBULATIONS DE MONSIEUR LE PRÉFET.

> C'est au comble de la fortune que les inquiétudes les plus cuisantes nous atteignent ; elles naissent souvent d'une cause bien légère, et nous n'en sommes pas moins accablés.
>
> BOURD.

OTHELLO dit, croyons-nous, dans la tragédie de ce nom :

> Après de grands travaux
> Notre corps fatigué demande du repos.

Ainsi que lui, et très-convaincu de l'équité de cette maxime, Monsieur le Préfet, accablé sous le poids d'un état de guerre qui durait depuis plus de trois mois, se jeta dans un fauteuil pour respirer quelque peu, lorsqu'il eut la certitude d'avoir obtenu les députés voulus par les ministres; passant à plusieurs reprises la main sur son front : « Grâce à Dieu, dit-il, nous voilà tranquilles, et nous le serons pour long-temps, s'il plaît à la Providence, dont je me méfie toujours un peu, car elle n'est pas en général très-d'accord avec les Excellences de ce royaume; et, en vérité, dans ma position, je ne sais qui d'elle ou d'eux a tort. Je le répète pour la centième fois, si chaque année pareille tribulation devait avoir lieu, je renoncerais à la préfecture; et pourtant on aime à être Monsieur le Préfet. J'en trouve la preuve éclatante dans le désespoir de mes collègues remerciés : que de soins ils se donnent pour rentrer en faveur! C'est néanmoins une triste chose que d'être congédié... là, comme un valet qu'on jette à la porte;.... allons, allons, ne nous occupons pas de ces fâcheuses idées : elles sont de mauvais augure. J'ai raison, jouissons d'abord du plaisir de la victoire, plus tard nous la ferons servir à nos intérêts; que de soutiens nouveaux je viens d'acquérir! sept bien comptés, tout autant la fine fleur de la bonne compagnie française; des hommes d'une probité! d'une religion! deux il est vrai sont séparés de leurs femmes, et vivent avec leurs gouvernantes; deux autres croient peu en Dieu; les derniers ont bien quelque embarras à payer leurs dettes; mais peu m'importe; ils *boulineront* franchement. Je suis certain de leur reconnaissance : ils ont si souvent juré de me porter plus haut! oui, c'est cela, préfecture de seconde classe, croix de commandeur, titre de marquis et la pairie au bout; quel ministère !! Ah ! comme il récompense dignement les grands talens et les beaux services ! »

Ce monologue de jubilation fut interrompu par la venue soudaine de madame de Girmel; la colère était peinte sur son front; elle eût pâli, sans doute, si une triple couche de rouge végétal de mademoiselle Martin n'y eût mis un obstacle invincible. Elle s'approcha de son époux, presqu'à moitié effrayé; et, se jetant dans la bergère opposée à la sienne :

« Ah ! Monsieur le Préfet, je n'en puis plus de confusion et de rage; vous me vengerez, ou vous ne serez pas un homme. »

— « Miséricorde, Madame ! Que vous serait-il arrivé ? Quel insolent aurait pu vous manquer ? Qui aurait insulté une femme si respectable ? »

— « Il ne s'agit pas de respect. Il

faut..... Non, je ne sais ce que vous devez faire pour punir convenablement cette odieuse vicomtesse d'Ir.... »

— « Qui ? La noble épouse de notre illustre ami, de notre nouveau député, encore hier si bien votre amie ! Que me dites-vous là ? »

— « Oui, mon amie d'hier est aujourd'hui la plus insolente créature. »

— « Je ne conçois rien à ce propos. »

— « Patience, vous le comprendrez bientôt ; vous également, avant peu d'heures, verrez de quelle manière le vent a changé : votre illustre et surtout sincère ami vous garde certainement un accueil pareil à celui que j'ai reçu de sa femme. Ces gens de qualité..... »

— « Oubliez-vous que nous le sommes ? »

— « Nous, l'être ! C'est possible ; mais eux certes ne le croient pas. Ah ! il est plus difficile à la nouvelle noblesse de se confondre avec l'ancienne, qu'aux bourgeois de se faire anoblir. »

— « Mais enfin, que s'est-il passé ? »

— « Conformément à vos désirs, qui étaient positivement les miens, du reste, je me suis empressée d'aller voir la vicomtesse d'Ir..., seule femme des députés nouvellement élus qui se trouve au chef-lieu. J'étais dans notre voiture, bien blasonnée, avec mes laquais en grande livrée ; je vais à la très-modeste maison où loge la dame ; la cour et la ville déjà s'y trouvaient tous ; les fauteuils étaient occupés par la foule de baronnes, comtesses, marquises du département. On m'annonce, je vais à madame d'Ir... ; elle me voit, se soulève à demi sur son siége. « Enchantée de votre bonne visite ! votre mari, chère madame Girmel, s'est conduit à merveille ; le vicomte ne l'oubliera pas, » me dit-elle ; et, sans plus faire attention à moi, sans songer que je reste debout devant sa dignité, elle continue sa conversation avec la marquise Mertange, qui souriait,... qui souriait !!... Ah! je l'eusse, elle aussi dévorée. Cependant ma situation se prolonge ; aucune dame ne m'offre son siége. Romeval, enfin, me présente.... quoi ?... un tabouret, Monsieur le Préfet, un tabouret ! à moi ! à la baronne de Girmel ! à votre femme ! Je lance un regard foudroyant sur cet insolent personnage ; et, suffoquée d'indignation, je me retire poursuivie à la fois par les éclats de rire de la haute noblesse et par les cris de madame Robert, qui à toute force voulait me faire partager sa chaise. Je suis rentrée dans ma voiture, à demi évanouie de douleur, me promettant bien de ne plus m'exposer à de pareilles avanies, et me flattant que vous trouveriez tel moyen de les punir. »

— « Ce ne sera pas sans difficultés

que nous y parviendrons ; mais, ne vous êtes-vous pas trompée sur l'intention ? peut-être la distraction de la vicomtesse était-elle naturelle : préoccupée par le monde qui l'entourait, tout entière à la nomination de son époux, elle a pu ne pas songer d'abord à vous offrir un siége ; et vous, accoutumée que vous êtes aux respects de nos administrés, peut-être aussi, dans certaines circonstances, êtes-vous trop exigeante ? »

— « Voilà parler admirablement ! Il vous sied bien, monsieur le baron, de rejeter sur moi les torts de cette odieuse scène, afin de n'avoir pas à prendre mon parti ? Est-ce que je suis vaine ? me trouve-t-on insolente ? Je tiens mon rang, comme je le dois ; j'ai droit au premier, sans doute ; si je l'exige, est-ce pour moi ? Non, Monsieur, c'est pour vous ; c'est afin que vous soyez repecté de tous, et je ne serai pas vengée ! »

— « Que dois-je faire pour vous contenter ? Est-il possible que j'appelle en duel le vicomte d'Ir...? On rirait de moi, et je perdrais ma préfecture. »

— « Ah ! ce n'est point du sang que je demande : la dame me remercierait encore si je la délivrais de son époux ; mais il faut l'atteindre elle-même dans ses parens, dans ses amis, dans ses protégés ; précisément elle a fait obtenir la place de percepteur de la ville à son cousin Norbel, qui, je crois, est plus que cela auprès d'elle. Allons, mon cher baron, ordonnez une descente bien soudaine, bien imprévue, à la caisse de ce seigneur : qui sait ce qu'elle nous réserve ? peut-être la vengeance ! Ne me la refusez pas. »

Monsieur le Préfet, choqué, lui également, de l'impertinence de la vicomtesse, n'eut pas de peine à être attendri par les larmes de son orgueilleuse compagne. Il passa dans son cabinet, fit appeler le conseiller de préfecture, Marvel, auquel il avait délégué les fonctions de Sous-Préfet de l'arrondissement du chef-lieu, et lui donna la commission d'aller sur l'heure visiter l'état de situation des bordereaux du Percepteur, avec injonction de les soumettre à la plus exacte et rigoureuse investigation.

Monsieur Marvel, comme sait le lecteur, était un administrateur habile et intègre, toujours assidu à son travail et surtout exécutant à la lettre les instructions qu'il recevait; il se fit accompagner d'un membre du conseil d'arrondissement, et se rendit aussitôt chez le Percepteur. Celui-ci, homme du monde, s'occupait, comme tant d'autres, beaucoup plus de ses plaisirs que de ses devoirs; il avait passé sa vie à faire des dettes, à puiser dans la bourse de ses amis, et, par suite il n'avait pas respecté sa caisse: tant de mémoires lui étaient présentés par une foule d'ouvriers, que, malgré lui, il prenait sur l'argent des contribuables de quoi contenter la grosse impatience de ses créanciers. Parent de la vicomtesse, au dernier mieux avec elle, il passait ses journées à la chasse, au billard, ou chez sa cousine ; la nuit, il fréquentait la bonne compagnie, et ses domestiques remarquaient qu'il rentrait toujours très-tard lorsque le vicomte d'Ir.... allait coucher à la campagne.

Monsieur Norbel était à table, donnant un dîner fin à trois de ses compagnons de fêtes ; on sablait le champagne, la troisième bouteille allait s'entamer, lorsque l'on annonça M. Marvel et son accolyte ; le Percepteur de bon ton les fit introduire sur-le-champ ; déjà même un valet apportait deux autres verres ; mais la gaieté s'envola, dès qu'on eut connaissance, dans la salle à manger, des motifs qui amenaient les deux nouveaux venus; Norbel, plus qu'à moitié noyé dans les fumées bachiques, ne jugea pas d'abord que la vérification fût sérieuse; il ne tarda pas à se détromper, son enjouement disparut, une sombre humeur la vint remplacer. Le Percepteur alors se retrancha sur le nouveau crédit du vicomte; il voulut intimider Marvel, peu facile à épouvanter et qui n'en continua pas moins son opération. Il acquit la preuve qu'un déficit était dans la caisse et que nulle valeur ne le représentait. Vainement l'aimable cavalier lui demanda grâce; il ne put rien en obtenir.

« Je dois faire mon devoir, dit le conseiller de préfecture, adressez-vous à Monsieur le Préfet. »

— « Mais, monsieur, reprit Norbel, songez à l'affront que vous faites à mon cousin le député. »

— « Est-ce vous ou moi qui lui manquons le plus? »

— « Hé bien, s'il y a des fonds de moins, je sais où les trouver. »

— « Allez donc les quérir bien vite, afin que Monsieur le Préfet n'ait pas le temps de prendre un parti. »

Après ces propos, échangés avec assez d'aigreur réciproquement, les deux commissaires se rendirent à la préfecture, et purent faire leur rapport au magistrat.

Madame de Girmel était, selon sa coutume, cachée derrière le paravent, d'où comme une autre Agrippine, elle assistait aux délibérations du conseil. On laisse à deviner jusqu'où elle porta sa joie, en apprenant que le beau cousin était en faute : aussi, dès que le conseiller de préfecture et le membre du conseil d'arrondissement se furent retirés, elle sortit de son poste ; et, venant à son époux :

« Grâce à Dieu, voilà nòtre vengeance toute assurée. Allons, Monsieur, là, comme dit Figaro, un bon arrêt bien juste; que le jeune homme soit suspendu de ses fonctions, en attendant sa destitution définitive.»

La colère est un mauvais guide; combien plus s'expose-t-on à faire des sottises, lorsqu'on écoute le courroux de l'amour-propre offensé! Monsieur le Préfet, ivre des récompenses qu'on lui avait promises à Paris et de son triomphe dans les élections qui venaient d'avoir lieu, s'imagina pouvoir soutenir de nouveau sa barque, qu'il allait lancer sur la mer orageuse de l'intrigue, et sur-le-champ l'arrêté de suspension fut prêt, signé et signifié.

— «Ah! madame la vicomtesse, disait la baronne de Girmel, nous verrons s'il convenait d'échanger six mille francs de rente contre un misérable tabouret! On sait ce que vous est le cousin. Eh bien! les bonnes mœurs exigeaient une punition pareille; c'est très-monarchique, et surtout très-religieux.»

Deux heures ne s'étaient pas écoulées, lorsqu'on annonça, dans le cabinet de Monsieur le Préfet, le vicomte d'Ir...., membre de la chambre des députés du royaume.

« Ah! se dit en lui-même Girmel, l'époux vient pour le cousin, c'est dans l'ordre. Pauvre mari, il va, je gage, se plaindre de moi; et néanmoins ce sont des remercîmens qu'il me devrait. »

— « Eh bien! mon cher Préfet, dit le vicomte, du ton le plus familier, quelle lubie vous a-t-il pris tout à coup? Qui diable vous a mis en tête de faire du mal à ce pauvre Norbel, excellent garçon, très-bon gentilhomme, parent d'ailleurs de ma femme, qui pense très-bien, et n'a servi sous l'empereur que parce qu'il fallait faire quelque chose? La vicomtesse, je vous en avertis, est furieuse, et c'est très-indiscrètement agir envers nous. »

— « Je suis au désespoir, monsieur le

vicomte, de vous déplaire, mais je ne connais avant tout que mon devoir. M. de Norbel était depuis long-temps très-mal noté au ministère, on le dénonçait de toutes parts, et j'ai reçu de SON EXCELLENCE les ordres les plus sévères à son égard. »

— « Fallait-il les exécuter à l'instant qu'on me nomme député? Vous deviez bien préjuger que le ministre ne veut pas, dès le début, se montrer hostile envers moi. Que diantre! ma voix m'appartient encore, et, s'il chasse mon parent, je crierai sur les toits contre lui. »

— « Vous agirez, monsieur, selon les avis de votre conscience; la mienne voulait que je misse à couvert les deniers de l'état. »

— « Savez-vous, mon cher ami, que le propos m'est peu agréable? Norbel n'est-il pas mon parent? Vous le traitez, en vérité, comme s'il était un homme sans aveu, un misérable, un constitutionnel; que sais-je encore? »

— « La vérification faite chez lui a prouvé un déficit de dix-neuf mille francs. »

— « Autant que ça! la vicomtesse disait mille écus. »

— « Elle s'est trompée. »

— « Soit, mais qu'importe? Norbel a été une très-intéressante victime de la révolution; il devait hériter d'un commandeur de Malte, son oncle; il n'a rien trouvé que des dettes : les *bleux* avaient tout pris; eh bien, il a cru, *le bon enfant*, pouvoir par ses mains opérer une restitution. Il a été dans l'erreur sans doute; mais à tout pécheur indulgence; nous paierons son déficit, et tout finira. »

— « C'est impossible : je viens de le susprendre de ses fonctions, l'arrêté est couché sur les registres; j'ai écrit au ministre, et j'ai envoyé quérir celui qui doit remplacer le Percepteur. »

— « C'est vraiment, Monsieur le Préfet, se hâter beaucoup, et vous êtes-vous flatté que je verrais indifféremment ce manque de convenances sociales envers moi? »

— « Je croyais, monsieur, qu'après mes efforts pour vous faire admettre au nombre des députés, vous n'auriez pas lieu de vous plaindre de mon obligeance. »

— « Eh! que ne parlez vous aussi de ma reconnaissance? vous avez travaillé pour moi, j'en conviens; mais par quelle instigation? n'est-ce pas en vertu de l'ordre formel du ministre? vous était-il possible de m'écarter sans vous compromettre? votre marche était tracée, et vous m'auriez repoussé avec véhémence, si mon nom ne vous eût pas été transmis. »

— « Ainsi vous ne me devez..... »

— « Rien, Monsieur le Préfet, jusqu'à

cette heure; rendez la place à mon parent, et je serai alors votre très-humble serviteur; sinon les autres députés et moi, qui ne cesserons d'agir de concert, rappellerons au gouvernement l'histoire du passé, que trop il oublie. »

Malgré la terreur involontaire que cette réplique causait à Girmel, elle manqua son but, à cause de la hauteur avec laquelle on l'avait prononcée. Le magistrat, poussé à bout, aima mieux jouer son existence préfectorale que de se laisser humilier ainsi; il persista dans le refus de faire grâce au parent du vicomte; et celui-ci se retira complétement brouillé avec Monsieur le Préfet.

Quel que pût être le courroux du nouveau représentant du département, il n'était pas assez redoutable pour que Girmel s'en tourmentât beaucoup à cette heure. Cet incident, néanmoins, le contraria; il se vit contraint à se montrer plus prévenant envers les autres députés, qui, aussitôt, de ses protégés qu'ils étaient naguère, devinrent ses protecteurs; il fallut acheter leur amitié par des condescendances extrêmes, passer l'éponge sur une foule de déboires qu'ils lui donnèrent; car chacun voulait déjà gouverner le département, et leur nombreuse clientèle se disputait les places, de telle sorte que Monsieur le Préfet n'avait plus le droit de disposer de rien.

« Ah! se disait-il, mieux il eût valu, si une destitution n'en eût pas été la conséquence, que les candidats libéraux l'eussent emporté aux élections. Avec des députés proscrits par le ministère, le magistrat est libre de toutes ses volontés; on ne lui impose pas de lois; lui seul les dicte, tandis que maintenant je ne suis ici, en vérité, que le premier commis de chaque honorable membre. »

A ces pénibles contrariétés se joignit,

celle, assez désagréable, de voir fondre dans l'hôtel de la préfecture, la nuée d'électeurs achetés ou séduits, tous venant réclamer le prix de leur vote complaisant; le cabinet de l'administrateur ne désemplissait pas : « Et ma croix de Saint-Louis, Monsieur le Préfet? disait l'un. — Mon majorat? s'écriait l'autre. — Songez à la place que je dois avoir dans les douanes?.... — Mon fils est-il nommé contrôleur de l'enregistrement?... — Au mien vous avez assuré le titre de capitaine?... — *Mon épouse* réclame le bureau de tabac de notre endroit?.... — Cette perception n'arrive pas?... — Les ouvriers ne viennent pas travailler à la route de mon château?... — Cette bourse pour mon puîné, ne l'obtiendrai-je point?... — N'étiez-vous pas garant que le grand-aumônier me porterait au premier évêché vacant; on nomme, et je ne suis pas sur la liste?... — Ma commune attend après le pont que vous devez faire construire.... — Notre curé quitte le presbytère de crainte de choir avec lui.... — Et ma pension?... — Et ma retraite?... — Le prix que je devais obtenir à l'Académie?... — La médaille d'honneur que ma manufacture devait avoir?... »

Girmel, à ces cris, ne savait où se réfugier pour ne pas les entendre. Chacun avait tenu un exact registre des engagemens pris avec lui, et fort peu étaient contens; il fallait les adoucir, les porter à la patience, flatter encore les uns, sauf à brusquer ceux qui, par de mauvaises affaires, avaient cessé de faire partie d'un des colléges électoraux; faible dédommagement pour de pareils casse-têtes.

Ce n'étaient pas les ministres que les abusés maudissaient, mais seulement Monsieur le Préfet, dont les paroles emmiellées les avaient tous faits tomber dans la commune erreur. On ne le laissait plus respirer chez lui; chez les autres, à la promenade, à l'église même, on le poursuivait; car quelle barrière peut arrêter un solliciteur qui sait son métier ?

> Il n'est temple si saint, des anges respecté,
> Qui soit, contre sa langue, un lieu de sûreté.

Si, dans le chef-lieu, les administrés de Monsieur le Préfet le rendaient le plus malheureux des hommes, le Ministère récompensait avec générosité son dévouement sans pareil. Un beau matin, il se réveilla comte; et il reçut, dit-on, un mandat d'une très-forte somme. La comtesse de Girmel vit, en ce titre nouveau, un dédommagement des impertinences de la vicomtesse d'Ir..., à laquelle elle se promit bien de ne plus céder le pas. La félicité de cette famille eût été complète, s'il y avait eu quelque possibilité à renouer les projets de mariage entre le chevalier Adolphe et mademoiselle Lubert; mais la chose était impossible, il ne fallait plus compter là-dessus.

CHAPITRE XLIII.

LE DÉNOUMENT.

> Mais au moindre revers funeste
> Le masque tombe, l'homme reste,
> Et le héros s'évanouit.
>
> Rousseau, *Ode à la Fortune.*

Le baron de Lanol avait sollicité avec son énergie accoutumée, non-seulement que justice fût rendue au colonel de Valtaire, mais encore une récompense qui pût convaincre le public combien peu le gouvernement avait cru aux calomnies répandues sur le compte d'un digne officier; il lui fut plus difficile d'effacer des préventions défavorables, que d'obtenir ensuite la faveur qu'il désirait. Les agens supérieurs à Paris lassèrent d'abord sa patience; mais, honteux d'avoir travaillé auprès d'eux, lorsqu'il pouvait parvenir à l'héritier du trône, il fut alors directement à celui-ci. La loyauté, la grâce, la bonté réunies dans l'âme de cet excellent prince, ne repoussèrent pas les instances du baron de Lanol; il eut gain de cause, lorsque menant le colonel avec lui devant l'auguste personnage, Valtaire jura de son innocence sur son honneur. Le premier chevalier de France était trop connaisseur en ce noble sentiment, pour ne point demeurer convaincu, à la manière avec laquelle le neveu du baron de Lanol se défendait, qu'il ne comptait point parmi les traîtres. « Monsieur de Valtaire, lui dit-il, avec le plus aimable sourire, je ne me souviens point du passé. Étiez-vous contre nous, je l'ignore; tout ce dont je suis certain maintenant, c'est que vous nous suivriez, si nous avions besoin de votre épée. »

A ces mots, Valtaire fléchit le genou, et s'engagea par un nouveau serment de fidélité que jamais il ne démentit par la suite; en sortant de cette audience, il disait à son parent : « Voilà un prince qu'on doit respecter lorsqu'on ne l'a pas approché, mais qu'on adorera nécessairement dès que l'on aura été admis en sa présence. »

Le baron de Lanol, sans le communiquer à Ernest, crut pouvoir faire des démarches pour obtenir que celui-ci fût remis en activité dans son ancien grade; le succès ayant couronné ses soins, il apporta le nouveau brevet en triomphe, et le donna à son neveu.

« Je ne puis l'accepter, lui dit Ernest : il me fut enlevé par l'injustice, je ne veux pas que la faveur me le rende. Je servirai également mon pays dans la nouvelle carrière que la nécessité me fit embrasser, et dans laquelle me retiennent les plus sages réflexions. »

Cette réponse surprit le baron de Lanol, il était loin de s'y attendre. « Ernest, y songez-vous? lui dit-il. Quoi ! vraiment vous seriez philosophe? votre nom, votre fortune ne vous inspireraient plus des goûts tels qu'à votre âge on devrait les avoir? Apprenez que j'ai la promesse d'une pairie, je suis même nommé dans cette lettre close, que je ne dois ouvrir qu'à une époque...... »

— « Je vous entends, à celle qui comblera les vœux de tous les Français. »

— « Vous êtes mon plus proche parent, je puis vous la transmettre.... »

— « Eh bien! en moi vous honorerez l'industrie dans la personne d'un négociant. »

« Allons, mon neveu, vous êtes original comme votre oncle ; retournons au chef-lieu ; ce sera moi, je pense, qui remplacerai votre père à la cérémonie de votre union. »

Le brevet de colonel fut rendu à la surprise générale. On blâma beaucoup Ernest dans un certain monde ; mais les vrais hommes de bien l'approuvèrent, c'était tout ce qu'il fallait.

« Ainsi, disait Célénie, elle va l'épouser, cette simple Aline ! comment a-t-elle fait pour le subjuguer ? est-ce avec de la bonhomie, avec de la douceur que l'on triomphe des hommes ? La route qu'elle a suivie conduit-elle mieux au but que la mienne ? Au but ! est-ce le même que nous espérons ? Il lui faut à elle le repos de l'intérieur, et à moi le brillant du monde. Mais Ernest, cet Ernest, je le verrai... Eh bien ! qu'à son retour il ne me trouve pas en Ariane désolée ;

il ne doit pas avoir la gloire d'être témoin de mes pleurs. Non, il sera devancé, et je choisirai..... qui choisirai-je ? »

Et l'étourdie, déjà tout occupée de ce nouveau soin, cherchait parmi les *fashionables* du chef-lieu, celui qui devait dans ses affections prendre la place du beau colonel. Plusieurs étaient sur les rangs; le plus étourdi, le moins aimable, fut préféré. « Un homme de mérite, se disait-elle, n'affligerait pas le colonel : moins l'amant de mon choix en sera digne, plus il paraîtra humiliant au volage de l'avoir pour successeur. »

Était-elle profonde cette pensée? nous le demandons aux dames; nous croyons en résultat qu'elle ne peut que conduire à l'erreur : la peine momentanée qu'elle cause à un amant que l'on quitte, ne dédommage pas une coquette du tort réel qu'elle se fait en affichant une inclination peu flatteuse pour sa vanité.

Un jour Monsieur le Préfet surprit madame la comtesse de Girmel écrivant avec l'air très-affairé. « Me remplaceriez-vous, lui dit-il, dans ma correspondance ministérielle? en ce cas, je vous en remercierais. »

« Je fais mieux, lui répondit-elle, j'écris à la générale Saint-Clair; sa fille n'est pas encore mariée, et j'envoie Adolphe porter ma lettre; qu'en pensez-vous? »

— « Eh! mais, trois cent mille francs de dot.... »

— « Ne sont pas cent mille francs de rentes; mais c'est encore un assez doux pis-aller. »

— « Il faut bien s'en contenter; puissions-nous réussir! »

« Oh! ici tout me l'assure, la Générale est ambitieuse, et nous sommes en faveur. »

Pour accélérer le mariage, les ministres ne tardèrent pas à nommer le comte de Girmel à une préfecture plus importante. Le jour de la justice n'était pas arrivé.

Nous sommes parvenus à la fin de cette véridique histoire; si nous étions romantiques, nous terminerions brusquement avec le lecteur, lui laissant le soin de régler la vie future de tous les acteurs que nous avons mis en scène; mais, lorsqu'on n'est pas enrôlé sous la bannière des points et du vague, il faut faire comme ses devanciers. En conséquence, nous raconterons ce qui est venu à notre connaissance au sujet des figurans dans la pièce de Monsieur le Préfet. A tout seigneur tous honneurs. Commençons donc par notre héros, les siens, et puis nous viendrons aux autres. On l'appela, avons-nous dit, à de plus importantes fonctions. En fut-il long-temps possesseur? nous ne le savons pas très-certainement; tout ce qu'on peut en apprendre, c'est qu'il n'était plus en place quand le nouveau règne commença. Où l'avait-on mis? était-il en retraite, destitué ou dans une haute administration ? Fut-il puni dans ce monde, ne le sera-t-il que dans l'autre ? nous ne le dirons pas. La manie du siècle nous gagne; et, tout en protestant contre le règne des nuages, nous nous sommes enfoncés dans les vaporeuses régions.

Célénie continua à chercher l'objet digne de sa flamme constante; elle crut, grande fut son erreur, le rencontrer dans le meilleur danseur d'un des plus fameux théâtres de l'Europe; et, un beau matin, elle quitta la demeure paternelle pour aller avec lui courir l'univers. A beaucoup moins du quart de la route, elle se lassa du voyage; et alors..... Il est décidé qu'il y aura du romantique dans la famille préfectorale.

Adolphe se maria sans amour, il fut pris de même, et, au bout de quelques années, il se trouva collègue de fort honnêtes gens.

Le négociant Lubert, toujours chéri de ses concitoyens, devint plus tard, par leurs vœux unanimes, membre de cette chambre des députés dont l'intrigue l'avait repoussé d'abord; mais où lui permit d'entrer, un nouveau monarque, qui, père également de ses sujets, ne les divisa jamais par d'odieuses catégories, et qui resta convaincu qu'on pouvait le bien servir malgré de légères nuances d'opinions. Lubert prolongea loin sa carrière, au grand contentement de ses enfans.

Aline et le colonel de Valtaire furent heureux, parce qu'ils cherchèrent leur bonheur dans celui des autres. Ils ne quittèrent le commerce que lorsqu'ils purent transmettre leur maison au second de leurs fils; l'aîné devait succéder à Valtaire dans la pairie que lui abandonna, sur ses vieux jours, le baron de Lanol. Celui-ci, avant comme après qu'il fut revêtu de cette importante magistrature, conserva toujours son caractère malin dans le monde ; mais, ardent à protéger les malheureux, il demeura le fléau de tous les préfets qui se succédèrent au chef-lieu, lorsque ceux-ci, ce qui n'arrivait pas toujours, prêtaient au ridicule ; car ils furent mieux choisis dès qu'on ne les destitua pas si souvent.

Madame de Tersac, fière de réunir chez elle la bonne compagnie par excellence, conserva cette suprématie ; elle resta dans le chef-lieu en manière d'oracle. C'était la marquise du Deffant de l'arrondissement ; elle en avait au moins la bonté et la modestie ; mais, malgré l'éclat de sa gloire, elle frémissait si le baron de Lanol prononçait le nom de la ci-devant cour et des cercles de Saint-Cloud.

Le sieur Habacuc, chassé de la province, où il avait fini par être trop connu, vint intriguer à Paris, où il y a toujours à glaner pour la canaille; il parvint à obtenir de l'emploi parmi ces..... Ne nommons personne: tout est classé, et Dieu sait où nous serions conduits, si la classe qui admit Habacuc dans son sein nous accusait de porter atteinte à sa considération.

Le vicomte de Courtmartel mourut en voyant la nomination de son collègue Marvel, qu'un dauphin, digne appréciateur des hommes, fit appeler à une préfecture. Quant au conseiller de préfecture Montmiral, il termina ses jours à la même époque, en recommandant toutefois qu'on gravât soigneusement sur sa tombe, en grosses lettres d'or, son titre d'officier de gobelet de la bouche du roi, tant, même à ses derniers momens, il eut peine à se détacher des grandeurs humaines.

Nous allions oublier le gendarme Romeval; c'était une injustice. Peu après l'époque dont nous parlons, on lui expédia son brevet de retraite; il devait s'y attendre, et néanmoins il en fut accablé. Ce qu'il regrettait le plus, sans doute, étaient les repas de la préfecture; et la punition de ses fautes dans l'autre monde, commença par anticipation dans celui-ci, lorsqu'il fut contraint de dîner chaque jour chez lui en regard de sa femme.

Chaque *préfète* devint tour à tour *la parfaite amie* de madame Robert. Celle-ci était sans doute remplie de respect pour le monarque; mais, dans ses rêves d'ambition, elle ne pouvait bâtir d'autres châteaux en Espagne, que celui figurant un hôtel de préfecture, où elle brillait en dame de la maison, et où elle avait la douceur d'entendre le public, s'inclinant devant elle, s'informer de la précieuse santé de son époux devenu Monsieur le Préfet.

FIN DU QUATRIÈME ET DERNIER VOLUME.

TABLE DES CHAPITRES

CONTENUS

DANS LE QUATRIÈME VOLUME.

Pages.

FIN.

Ouvrages nouveaux.

LES HE[illegible]TES EN PRISON, par E. Jou
A. Jay, pour faire suite aux *Observatio*
les Mœurs et Usages français au commen
du dix-neuvième siècle, par E. Jouy, mem
de l'Institut. *Cinquième édition*, ornée du
trait des auteurs, de deux gravures et vi
gnettes, imprimée comme la collection
Hermites de la Chaussée d'Antin, de la Guyan
etc., etc., dont elle est le complément in
pensable aux acquéreurs de ces livres.
lumes in-12. Prix : 8 fr., et 9 fr. 50 cent.
la poste. Papier vélin, 15 fr.

NOUVEAUX MÉLANGES LITTÉRAIRES,
M. Villemain, membre de l'Académie fr
çaise. Cet ouvrage, qui formera un volu
dont les morceaux sont entièrement inédi
sera imprimé comme le volume in-8°
deux jolis volumes in-18 du même au
bliés l'année dernière sous le titre de
et Mélanges littéraires.

Le succès prodigieux qu'ont obtenu les premi
Mélanges littéraires de M. Villemain, attesté par la
vente rapide des deux éditions, est d'un favo
rable augure pour cette nouvelle publication d'
auteur à la fois distingué comme historien, com
me orateur et comme critique.

CHANSONS, par M. Francis; 1 joli volume in-
grand raisin. Prix : 3 fr., et 3 fr. 50 c. par
la poste.

ÉLÉGIES ET POÉSIES NOUVELLES, par
Mme. Desbordes-Valmore.

POEMES ET POÉSIES DIVERSES, par M. F
Soulier; 1 joli volume in-18 grand raisin
Prix : 4 fr., et 4 fr. 50 c. par la poste.

www.ingramcontent.com/pod-product-compliance
Ingram Content Group UK Ltd.
Pitfield, Milton Keynes, MK11 3LW, UK
UKHW020950230726
13923UKWH00007B/226

9 782019 970970